체스터턴 아포리즘

일러두기

1. 체스터턴은 '역설의 대가'로 불릴 만큼 깊이 있는 사유와 철학을 역설적이면서 재치 넘치는 문장으로 표현했다. 그래서 그의 작품을 처음 접하는 독자들에게는 그만의 독특한 변증 방식이 어렵게 느껴질 수 있다. 이 선집은 이 점을 고려하여 독자들이 체스터턴을 조금 더 친근하게 느끼도록 기획한 책이다.
2. 1911년에 출간된 《체스터턴 캘린더A Chesterton Calendar》를 비롯하여 체스터턴 생전과 사후에 출간된 여러 선집을 길잡이 삼아 현대 독자들이 곁에 두고 음미해 볼 만한 문장과 구절을 가려 뽑았다.
3. 이 책에 실린 문장과 구절의 원문을 포함하여 체스터턴의 모든 작품은 웹사이트 http://www.gkc.org.uk/gkc/books/와 http://www.gutenberg.org/에 전문이 게재되어 있다.

하나님의 수수께끼가
사람의 해답보다 더 만족스럽다

Chesterton Aphorism

G. K. 체스터턴 | 이은진 옮김

모험은 따분한 날에 벌어지지,
화창한 날에는 벌어지지 않는다.
단조로움이라는 현絃이 최대한 팽팽하게 당겨지다가
툭
끊어지는 순간,
노랫가락 같은 소리와 함께 모험이 시작된다.

The Napoleon of Notting Hill

현시대에 가장 유능한 불가지론자로 손꼽히는 사람이 언젠가 내게 이렇게 물었다. "당신은 인류가 더 나아졌다고 생각합니까, 더 나빠졌다고 생각합니까, 아니면 이전과 똑같다고 생각합니까?" 그는 자기가 제시한 선택지가 모든 가능성을 포괄한다고 자신했다. 그 선택지가 그림이 아닌 패턴만, 이야기가 아닌 과정만 담고 있다는 사실을 깨닫지 못했다. 그래서 나는 이렇게 되물었다. "당신은 골더스그린에 사는 스미스 씨가 서른 살에서 마흔 살 사이에 더 나아졌다고 생각합니까, 더 나빠졌다고 생각합니까, 아니면 그때나 지금이나 똑같다고 생각합니까?" 그 순간, '그거야 스미스 씨에게 달렸지, 자기가 선택하기 나름 아닌가?' 하는 표정이 그의 얼굴에 스쳤다. 인류가 진보했는지는 인류가 한 선택에 달렸다. 인류가 선택한 길은 곧게 쭉 뻗은 길이나 굽이진 오르막 혹은 내리막이 아닐 수도 있다. 골짜기를 지나는 사람을 생각하면 이해하기 쉽다. 그는 자기가 가고 싶은 길로 가고, 멈추고 싶은 곳에서 멈출 수 있다. 교회에 갈 수도 있고, 발을 헛디뎌 도랑에 빠질 수도 있다.

인간의 삶은 하나의 이야기, 곧 모험담이다.
우리 눈에 비친 하나님의 이야기도 그러하다.

_The Everlasting Man

수 세기 전, 동녘에 살던 남자가 있었다
이제 나는 그를 생각하지 않고는
아무것도 볼 수 없게 되었다
양을 보아도 참새를 보아도
나리꽃을 보아도 보리밭을 보아도
까마귀를 보아도 저녁노을을 보아도
포도밭을 보아도 산을 보아도
늘 그가 생각난다

_Parable

완벽한 행복이란 게 가능하다면 말이지만, 인간이 이 땅에서 느끼는 지복^{至福}은 동물이 느끼는 만족감처럼 단호하지도 견고하지도 않다. 행복은 마치 지독한 연애처럼 절묘하게 균형을 이루되, 그 균형이 언제 깨질지 모르는 위태로움 속에 있다.

모험에 뛰어들려면
자기 자신을 충분히 믿어야 하고,
모험을 즐기려면
자신을 충분히 의심해야 한다.

_Orthodoxy

미치광이가 되기는 쉽다. 이단이 되기도 쉽다. 자신의 것을 지키는 게 어렵지, 시대의 흐름을 따라가는 건 어려울 게 하나도 없다. 현대의 사조에 순응하기는 쉽다. 속물이 되는 건 어려울 게 전혀 없다. 기독교가 걸어온 역사의 길목에 늘어선, 온갖 풍조와 종파가 놓아둔 오류와 과장의 덫에 빠지는 건 정말 정말 간단한 일이다.

넘어지는 건 간단하다.
넘어지는 각도는 무한하고,
서 있는 각도는 하나뿐이기 때문이다.

Orthodoxy

흐르는 대로 떠내려가는 건 죽은 것이다.
살아 숨 쉬는 것만이 흐름을 거스를 수 있다.

죽은 개는 날쌔게 내달리는 사냥개처럼
급류를 타고 떠내려간다.
오직 살아 있는 개만 물살을 거슬러 헤엄칠 수 있다.

_The Everlasting Man

자기 말만 하면서 대화를 독점하는 사람은
둘 중 하나다.
자기 목소리를 좋아하거나
자기 목소리가 어떤지 모르거나.

_Robert Browning

성경은 우리에게 이웃을 사랑하라고 하고,
또 원수를 사랑하라고 한다.
대개는 그 둘이 같은 사람이라서가 아닐까.

_The Illustrated London News

순간적으로 아주 낯선 기분에 사로잡힐 때가 있다. 밤에 정원에 나갔을 때나 비탈진 초원 한복판에 들어섰을 때 갑자기 찾아드는 강렬하고 낯선 기분. 꽃송이와 나뭇잎이 동시에 입을 열고 우리는 들을 수도 없고 이해할 수도 없는 기이한 소리로 무언가 중요한 걸 이야기하는 것만 같은 순간. 의미심장한 무언가를 놓쳤다는 점에서 거기에는 진정한 시적 가치가 있다.

지혜 안에만 아름다움이 있는 게 아니다.
아름다움은 이렇게 멍하고 눈부신
무지 속에도 있다.

_Robert Browning

편협함은 어떤 주장에 대한 대안을 진지하게 생각해 내지 못하는 무능함과 다르지 않다.

그 주장이 옳다고 여기는가 아닌가와는 상관이 없다. 애가 타서 속이 새까매지거나 전쟁도 불사할 만큼 무언가를 강하게 확신한다고 해서 다 편협해지는 게 아니다. 설사 자기가 믿는 도그마가 사실일지라도, 그 도그마 역시 그저 도그마일 뿐이라는 사실을 이해하지 못할 때 편협한 사람이 된다.

Lunacy and Letters

누런 종이에 그린 그림은
지혜롭되 지독한 사실을 하나 드러낸다.
하양은 색이라는 사실이다.

하양은 색이 없는 상태가 아니다. 하양은 선명하고 밝게 빛난다. 빨강만큼 강렬하고 검정만큼 또렷하다. 새빨갛게 타오르는 연필로 장미를 그리듯, 새하얗게 타오르는 연필로는 별을 그린다. 기독교에서 최고로 꼽는 도덕 두셋 중 하나도 이와 같다. 하양은 색이다. 이것이 기독교가 말하는 도덕의 주된 요지다. 덕은 악이 없는 상태를 의미하지 않는다. 도덕에 위협이 될 만한 요소를 멀리하는 것을 뜻하지도 않는다. 덕은 고통이나 특정한 냄새처럼 생생한, 별개의 것이다. 자비롭다는 건 잔인하지 않다거나 복수심을 버린다거나 처벌하지 않는다는 뜻이 아니다. 자비는 해처럼 명확하고 확실하다. 누군가는 경험하고 누군가는 경험하지 못한다. 순결은 성적인 잘못을 저지르지 않으려고 자제한다는 뜻이 아니다. 잔 다르크처럼 불타오르는 것을 의미한다.
하나님은 여러 가지 색으로 그림을 그리시나 지나치게 화려하게 색칠하지 않으신다. 그분이 하얀색으로 그리신 그림을 나도 모르게 번지르르한 말로 치장하려 했던 적이 얼마나 많았던가.

_Tremendous Trifles

건설과 창조의 극명한 차이를 말하자면,
건설된 구조물은 건설된 뒤에만 사랑받을 수 있으나
창조된 피조물은 존재하기 전부터
사랑받는다는 점이다.
마치 어머니가
아직 태어나지 않은 아이를 사랑하듯이.

Appreciations and Criticisms of the Works of Charles Dickens

비관주의는 악에 진저리 난 상태가 아니라 선에 진저리 난 상태다. 절망은 고통에 지친 상태가 아니라 기쁨에 지친 상태다.

어떤 이유로 사회의 좋은 기능들이 더는 작동하지 않을 때 그 사회는 쇠퇴하기 시작한다. 식량이 있어도 먹이지 않고, 치료제가 있어도 치료하지 않고, 나눠 줄 혜택이 있어도 나눠 주려 하지 않을 때 그 사회는 쇠퇴한다. 그런 좋은 기능을 잃어버린 사회에 대해서는 진보와 퇴보를 논할 가치조차 없다.

The Everlasting Man

'비이성적'이라는 말에는 오해의 소지가 있다. 따라서 기독교의 덕이나 신령한 덕을 논할 때는 이 덕이 본래 역설적이고, 전형적인 이교의 덕이나 이성론자의 덕과 같지 않다는 점을 명확히 밝혀야 한다.

정의는 누군가로 말미암아 무엇을 찾아내고 찾아낸 그것을 그에게 주는 걸 의미한다. 절제는 특정한 탐닉의 적절한 경계를 찾아내고 그 경계를 지키는 걸 의미한다.

그러나 사랑은 용서할 수 없는 이를
용서하는 걸 의미한다.
그러지 않는 사랑은 덕이 아니다.

소망은 아무 희망이 없을 때
소망하는 걸 의미한다.
그러지 않는 소망은 덕이 아니다.

믿음은 믿기 힘든 것을 믿는 걸 의미한다.
그러지 않는 믿음은 덕이 아니다.

_Heretics

하나님은 우리에게 팔레트를 빽빽이 채운
물감만큼 많은 색을 주지 않으셨다.
대신에 그림의 소재와 모델,
특정한 시각을 주셨다.
그러니 우리는
우리가 그리고 싶은 게 무엇인지
분명히 해야 한다.

_Orthodoxy

평범한 것들이 비범한 것들보다 더 가치가 있다. 아니, 평범한 것들이 더 비범하다.

인류보다 한 사람이 더 존엄하다. 그러니 권력이나 지성, 예술이나 문명이 이룬 기적보다 '이웃 사랑'이라는 기적을 더 생생하게 경험해야 한다. 두 다리로 서 있는 보잘것없는 사람을 볼 때 그 어떤 음악을 들을 때보다 더 가슴이 미어지고, 그 어떤 그림을 볼 때보다 더 경탄해야 한다.

Orthodoxy

한없는 슬픔이란 게 존재하듯, 들뜬 기분도 한없이 이어질 수 있다. 우스운 짓을 크게 벌이면 때로 지붕을 뚫고 별에가 닿기도 한다. 터무니없는 짓을 계속하는 것만으로도 신과 같은 존재가 되기도 한다.

우스꽝스러움과 숭고함은
종이 한 장 차이다.

_Charles Dickens

존엄성이 없으면, 존엄성을 잃을 수도 없다. 길을 걷던 사람이 갑자기 바닥에 고꾸라진다. 그 모습이 우스꽝스러운 이유는 뭘까? 그럴듯한 이유는 하나뿐이다. 그가 하나님의 형상을 닮은 인간이기 때문이다. 다른 건 고꾸라져도 전혀 우습지 않다. 사람이 자빠지는 모습만 우습다. 쓰러지는 나무를 보고 웃을 사람은 아무도 없다. 굴러떨어지는 돌을 보고 우스꽝스럽게 여길 사람은 아무도 없다. 내리는 눈을 보고 걸음을 멈추고 폭소할 사람은 아무도 없다. 벼락이 떨어지면 자못 진지하게 생각한다. 지붕이나 고층 건물이 무너지면 심각하게 받아들인다. 오로지 사람이 넘어질 때만 웃음을 터트린다.

이유가 뭘까?
그것이 종교적으로 심상치 않은 문제, 즉 '인간의 타락'을 암시하기 때문이다.

오직 인간만이 우스꽝스러워질 수 있다. 오직 인간만이 존엄성을 잃을 수 있기 때문이다.

All Things Considered

어느 날, 집에 딸린 텃밭을 거닐다가 문득 내가 왜 이 텃밭을 좋아하는지 궁금해졌다. 오랫동안 내 속을 들여다보고 분석한 끝에 결론에 이르렀다. 내가 텃밭을 좋아하는 이유는 텃밭에 먹을거리가 있기 때문이다. 그렇다고 볼품없다는 뜻은 아니다. 텃밭은 꽤 아름답다. 초록색과 자주색이 섞인 커다란 양배추는 진기한 노란색과 보라색으로 한껏 치장한 팬지꽃보다 훨씬 더 묘하고 근사하다. 감자는 천상의 꽃이다. 그 어떤 장식용 꽃도 감자에는 비할 바가 못 된다. 텃밭은 과수원만큼이나 아름답다. '과수원'이라는 단어가 '꽃밭'이라는 단어만큼 아름답게 들리는 건 왜일까? 심지어 더 흡족하기까지 하다. 내가 알아낸 비밀스럽고 미묘한 결론을 다시금 꺼내 놓자면, 거기에 먹을거리가 있기 때문이다.

Alarms and Discursions

종교적 신앙이 있는 사람에게는 철학적 의심도 있게 마련이다. 거만하게 의문을 제기하는 사람에게 더는 의심하지 말라고 말하는 건 옳지 않다. 오히려 계속 의심하라고 말해야 한다. 조금 더 의심하라고, 기묘한 깨달음을 얻어 스스로 자신을 의심하게 될 때까지 기이하고 황당무계한 일들을 매일 의심하라고 말해야 한다. 욥은 마지막에 등장하신 하나님의 말씀에 감화를 받는데, 사실 하나님이 등장하신 이유는 수수께끼를 풀어 주기 위해서가 아니라 수수께끼를 내기 위해서다. 하나님은 인간이 이해할 수 없는 일들을 제시하실 뿐인데, 욥은 돌연 하나님의 말씀을 납득하기 시작한다. 사실, 여호와의 입에서 나온 수수께끼가 욥의 입에서 나온 수수께끼보다 더 모호하고 암울하게 들린다. 그런데 여호와께서 말씀하시기 전까지 어떠한 위안도 얻지 못하던 욥이 그제야 비로소 위로를 받는다. 여호와께서는 어떠한 답도 주지 않으셨다. 하지만 욥은 너무 좋아서 차마 입 밖에 낼 수 없는, 등골이 오싹해질 만큼 소름이 돋는 어떤 기운에 에워싸인다. 하나님이 당신의 계획을 설명하길 거부하신다는 사실은 그 자체로 그분의 계획을 이해하는 중요한 단서가 된다.

하나님의 수수께끼가
사람의 해답보다 더 만족스럽다.

_Introduction to the Book of Job

기독교에 관하여 생각을 거듭할수록 분명해지는 사실이 하나 있다. 기독교는 규칙과 질서를 세운다. 그러나

질서를 세우는 주된 목적은 선한 것들이 마음껏 뛰놀 여지를 주기 위해서다.

정신의 자유와 감정의 자유는 보기보다 단순하지 않다. 이 둘은 사회적 자유와 정치적 자유만큼이나 법과 상황의 균형이 깨지지 않도록 신중하게 접근해야 한다.

Orthodoxy

"모든 것이 하나님에게서 왔습니다. 그중에서도 사고력과 상상력, '정신'이라는 위대한 선물은 하나님이 주신 것이지요. 이것들은 그 자체로 선합니다. 설사 타락하여 악용될지라도, 이것들이 본래 어디에서 왔는지 잊지 말아야 합니다."

The Incredulity of Father Brown

사실, 정결함과 소박함이 정말 필요한 곳은 따로 있다.
삶에 감사하고 웃음을 잃지 않으려면,
무엇보다 정결하고 소박한 마음이 필요하다.
날아가는 새를 그냥 지나치지 않으려면,
길가에 자리한 돌멩이와 잡초에도
눈길을 주려면,
해 질 녘 들판 위로 펼쳐지는 저녁노을에
마음을 쓰려면,
기뻐하는 법을 연습하고
감사하는 법을 배워야 한다.

_Twelve Types

너무 위대해서
그 앞에만 서면 누구든
초라한 기분이 들게 하는 사람이 있다.
그러나 진정한 위인은
함께 있는 사람 누구나
기분 좋게 만드는 사람이다.

Charles Dickens

짙은 색은 흐린 날에 더 선명해 보인다. 칙칙한 배경과 대비를 이루어 저만의 빛깔로 불타오르기 때문이다. 검은 하늘 아래서 온갖 꽃은 마치 쏘아 올린 불꽃 같다. 마치 환상 속 마녀의 정원에서 활활 타오르는 꽃처럼 강렬하면서도 은밀한 그네들에게는 무언가 기묘한 구석이 있다.

Alarms And Discursions

연한 잎사귀 파리해지고
푸른 잎사귀 노래지니

젊음이 좋은 줄 알던 우리,
늙음이 좋은 줄 알게 되고

결혼식을 알리던 종소리,
요람과 무덤을 선사하니

짓궂은 이에게 짓궂고
용맹한 이에게만 용맹한 것이 인생이라

_To M. E. W.

현대인은 의식적으로 허허 웃으며
"내가 상당히 이단적이라서 말이야"라고 말한 뒤
칭찬을 기대하며 주변을 둘러본다.

'이단'이라는 말은 이제 '그름'을 의미하지 않는다. 도리어 냉철하고 용감함을 뜻한다. '정통'이라는 말은 이제 '옳음'을 의미하지 않는다. 도리어 '그름'을 뜻한다.

이런 풍조가 뜻하는 바는 오직 하나다.
이제 사람들은 자기 생각이 철학적으로 옳은지 그른지 따위에 관심이 없다는 뜻이다.

_Heretics

아슬아슬한 세상에서 열심히 사는 평범한 사람에게 집은 유일하게 재미없는 장소가 아니다. 정해진 과제와 규칙투성이인 세상에서 아주 신이 나는 유일한 장소다.

원하면 천장에 카펫을 깔고 마룻바닥에 기와를 얹을 수 있는 유일한 곳이 집이다.

Alarms And Discursions

디오게네스는 정직한 사람을 찾아
예배당 지하실과 동굴 속은 샅샅이 뒤졌으되
도둑들 소굴을 들여다볼 생각은 하지 못했다.
기독교 창시자는 바로 거기서 정직한 사람을 찾아냈다.
그분은 처형대에서 그를 발견하고
그에게 낙원을 약속했다.
기독교가 도둑들 사이에서
정직한 사람을 찾듯이
민주주의는 바보들 사이에서 현자를 찾는다.

Charles Dickens

수전노는 아침 일찍 일어나고,
도둑은 전날 밤에 일어난다.

_Tremendous Trifles

희망

껑충 뛰어 날아오르는 작은 빛이
바람에 날리는 별처럼
인생의 이른 아침에
이따금 찾아드나니

_The Ballad of the White Horse

귀족정치와 민주정치는 모두 인간이 추구하는 이상일 뿐이다. 후자는 모든 사람이 귀하다고 말하고, 전자는 어떤 사람들이 다른 사람들보다 더 귀하다고 말한다. 그러나 자연은 고양이가 쥐보다 더 귀하다고 말하지 않는다. 애초에 이 주제에 관해 아무 말도 하지 않는다. 고양이가 부럽다거나 쥐가 불쌍하다는 말조차 하지 않는다. 우리는 고양이가 더 뛰어나다고 생각하는데, 이는 죽음보다 삶이 낫다는 특유의 철학 때문이다.

그러나 만약 그 쥐가 염세주의에 빠진 쥐라면, 그는 자기가 고양이에게 졌다고 생각하지 않을 것이다.

도리어 무덤에 먼저 도착했으니 자기가 고양이를 이겼다고 생각할 것이다. 아니면, 고양이를 계속 살려둠으로써 그에게 끔찍한 벌을 주었다고 생각할 수도 있다. 미생물이 역병을 퍼뜨렸다며 자랑스러워하듯, 염세적인 쥐는 고양이에게 실존을 자각하며 사는 괴로움을 새삼 절감하게 했다는 생각에 의기양양할 것이다. 모든 건 쥐의 철학이 무엇인가에 달려 있다. 무엇이 더 낫다는 신조가 없으면, 승리나 우월함을 논할 수조차 없다. 채점 제도가 없으면 고양이의 점수를 운운할 수 없다. 받을 수 있는 최고점이 없는데, 어떻게 고양이가 최고라고 말할 수 있겠는가.

_Orthodoxy

변칙은 아주 큰 문제가 되고 대단히 해롭다. 추상적인 불합리함도 마찬가지다. 인간의 본성을 잘 아는 사람이라면 그 이유가 뭔지 다 알 것이다.

모든 불의는 마음에서 시작되고,
변칙은 사람들 마음이 불합리하고 거짓된 사상에 익숙해지게 한다.

런던 배터시에 사는 모든 사람에게 선사 시대의 법률에 따라 잠자리에서 일어나기 전에 고개를 세 번 끄덕이도록 강제할 권한이 내게 있다고 가정해 보자. 노련한 정치인들은 이 권한이 변칙적이긴 하나 해로울 게 없으니, 불평할 거리가 아니라고 말할 것이다. 이 권한이 내 백성들에게 아무런 해를 끼치지 않을 수도 있고, 내게 아무 도움이 되지 않을 수도 있다. 배터시에 사는 사람들은 그 변칙을 따라도 무방하다고 말할 것이다. 그러나 변칙에 복종하는 행위는 그들에게 무방하지 않을 수 있다. 만약에 내가 50년 동안 백성들에게 고개를 끄덕이게 했다면, 끝에 가서는 너무도 쉽게 백성들에게 머리를 베라고 명령할 수도 있을 것이다. 왜냐하면, 내가 기상천외하고 불합리한 권한을 갖는 건 너무도 당연하다는 관념이 모든 사람 마음속에 깊이 스며들어 있을 터이기 때문이다. 한마디로 미친 짓거리에 이미 익숙해졌다는 말이다.

All Things Considered

폐허가 된 낡은 교회 터에서는
고귀한 영감을 얻으면서
몰락한 인간에게서는
아무 영감도 얻지 못하다니,
참 이상한 일이다.

Twelve Types

부패한 천성과 야심이 필요한 상황에는 고상한 사람들, 유능한 사람들, 업무 능률이 높은 사람들을 데려다 써라. 그러나 곁에 두고 마음을 내줄 사람은 그들이 아니다. 우스꽝스럽고 바보 같은 사람들을 곁에 두라. 명석한 사람들은 짐짓 당신을 좌지우지하려 할 것이고, 흠 하나 없이 완벽한 사람들은 짐짓 당신에게 충고하려 할 것이다. 이러든 저러든 내버려 두고, 오직 바보들에게만 마음을 열어라. 결점이 훤히 보이고 무슨 생각인지 딱 봐도 이해가 되는 바보 같은 사람들만 인생에 들여라.

그들에게 곁을 내주고,
불가능을 향해 나아가는 고독한 여정을
함께하라.

Appreciations and Criticisms of the Works of Charles Dickens

법이 규정하는 것과
법이 하는 일 사이에는
엄청난 차이가 있다.

_Divorce versus Democracy

나쁜 사람들을 제지하기 위해 좋은 법이 필요한 게 아니라, 나쁜 법을 저지하기 위해 좋은 사람들이 필요하다.

_All Things Considered

소크라테스와 함께 대화할 수 있는 현자들과 단테와 함께 산책할 수 있는 시인들을 배출한 우리가 지금 대체 무슨 짓을 벌이고 어디를 헤매고 다니는가? 지금 우리는 식민지를 발견하고 흑인들을 걷어차는 일보다 더 지적인 일은 해 본 적이 없는 사람들처럼 말하고 행동한다.

우리는 빛의 자녀들이다. 그러나 어둠 속에 앉아 있는 사람도 다름 아닌 바로 우리들이다.

우리가 심판을 받는다면, 그것은 다른 나라의 진가를 알아보지 못한 지적 잘못 때문이 아니라 우리 자신이 누구인지 깨닫지 못한, 지극히 영적인 죄 때문일 것이다.

_The Defendant

오래전에 매듭지은 일뿐만 아니라 최근에 매듭지은 일까지 뒤엎을 준비가 안 되어 있는 한 '사상의 자유'란 있을 수 없다. 언론은 결정을 밀어붙일 강력한 지도자가 필요하다고 끊임없이 대중을 선동한다. 그러나

지금 정말 필요한 건 잘못된 결정을 무효로 돌릴 강단이 있는 지도자다.

그리고 이것이 힘을 가늠하는 진정한 시험대가 될 것이다.

_What I Saw In America

온 우주를 특정한 시각으로 바라본다는 점에서
위대한 문학 작품은 모두 은유다.

《일리아스》가 위대한 이유는
모든 인생이 전투이기 때문이요,

《오디세이아》가 위대한 이유는
모든 인생이 여행이기 때문이요,

욥기가 위대한 이유는
모든 인생이 수수께끼이기 때문이다.

The Defendant

요즘, '논리'라는 것이 가치가 있느니 없느니 하는 말을 많이 듣는다. 사실, 대부분의 논리는 방어하는 데 쓰는 무기이지 생산하는 데 쓰는 도구가 아니다.

지적 체계를 쌓는 사람은 느헤미야처럼 한 손에는 칼을, 다른 손에는 흙손을 들어야 한다. 탄탄한 체계와 상상력이 흙손이라면, 논쟁은 칼이다.

실제로 광범위한 지적 활동을 경험하다 보면, 논리라는 것이 주로 논리학자를 무찌르는 무기로 가치가 있다는 결론에 이르게 된다.

_The Defendant

무언가를 사랑하는 비결은
그것을 잃을 수도 있다는 사실을
깨닫는 데 있다.

_Tremendous Trifles

미치광이는 조그마한 세상에서 살면서
그 세상이 크다고 생각하는 사람이다.
10분의 1의 진실 안에 살면서
그것이 전부라고 생각하는 사람이다.
그는 어떤 이야기나 어떤 음모,
또는 어떤 관점 밖에 있는 우주를
상상하지 못한다.

Charles Dickens

무더운 여름날,
먼지가 풀풀 날리는 영국 거리를 10마일쯤 걷다 보면,
맥주를 왜 발명했는지 알게 된다.

All Things Considered

자기 이름을 잊어버린 사람의 이야기를 한 번쯤은 다 읽어 보았을 것이다. 그는 길을 걸으며 눈에 보이는 모든 것의 진가를 알아보지만, 정작 자기가 누구인지는 기억하지 못한다. 모든 인간은 이 이야기 속 주인공과 다르지 않다. 모든 인간이 자기가 누구인지 잊어버렸다. 우주를 이해할지는 몰라도 자아를 이해하지는 못한다. 자아는 그 어떤 별보다 더 멀리 있다.

"주 너의 하나님을 사랑하라.
그러나 너는 네가 누군지 모른다."

우리는 모두 같은 재앙 아래 있다.
우리는 모두 우리 이름을 잊어버렸다.
우리가 정말 누구인지 잊었다.
우리가 상식, 합리성, 현실성, 확실성이라고 부르는 것들은 모두 우리가 잊어버렸다는 사실을 확실히 잊어버렸음을 의미할 뿐이다. 우리가 정신, 예술, 황홀감이라고 부르는 것들은 모두 우리가 잊어버렸다는 사실을 아주 잠깐 기억한다는 걸 의미할 뿐이다.

_Orthodoxy

인간이 그저 인간일 때는
하늘을 배경으로 서 있을 때뿐이다.
땅을 풍경 삼아 서 있으면 그 땅에 사는 사람이 되고,
집 앞에 서 있으면 그 집의 주인이 된다.
인간들이 연대감을 오롯이 느낄 수 있는 곳은
죽음과 영계靈界가 존재감을 강렬하게 내뿜는 곳뿐이다.
마음에 스며든 신성한 어둠을 떨쳐 내는 순간,
사람과 사람의 차이가 아주 분명해진다.

_The Victorian Age in Literature

인간은 짐승과 급이 다른 게 아니라 부류가 다르다.
가장 원시적인 인간이 원숭이를 그렸다는 말은
뻔하게 들리지만,
가장 똑똑한 원숭이가 인간을 그렸다는 말은
농담처럼 들리는 게 그 증거다.
차이와 부조화가 존재한다.
예술은 인간의 독특한 특징이다.

_The Everlasting Man

인간은 항상 길을 잃었다. 에덴동산 이후 인간은 늘 방랑자였다. 그래도 언제나 자기가 무엇을 찾는지는 알고 있거나 안다고 생각했다. 이 정교한 우주 어딘가에는 모두의 집이 있다. 허리까지 잠길 만큼 깊고 고요한 강기슭에서, 햇볕이 잘 드는 양지바른 땅에서 집이 그를 기다린다. 인간은 늘 그 집을 찾고 있었다.

그런데 한 치 앞도 볼 수 없을 만큼 매섭게 내리는, '회의론'이라는 우박을 오래 맞다 보니, 이제는 집을 찾을 수 있으리라는 소망뿐만 아니라 집을 찾으려는 욕구마저 차갑게 식어가고 있다. 역사상 처음으로 인간은 자기가 이 땅에서 떠도는 목적을 정말로 의심하기 시작했다.

인간은 늘 길을 잃었으되,
이제는 찾아갈 주소마저 잃어버렸다.

What's Wrong With the World

늘 뒤꽁무니를 보고야 무엇이 지나간 줄 아니,
참으로 안타까운 일이다.
사람들은 늘 끄트머리에 다다라서야 실체를 깨닫는다.
해 질 녘에야 그날 일을 상기한다.

Alarms And Discursions

구구절절한 이야기를
짧게 줄이는 게 문학이다.
요즘 철학책들이
문학이 아닌 이유가 여기에 있다.

All Things Considered

오래된 이상理想을 추구해 본 적 없는 사람들이
새로운 이상에 눈을 돌리는 기이한 광경이 펼쳐지고 있다.
사람들은 기독교에 싫증이 난 게 아니다.
싫증이 날 만큼 기독교를 탐구한 적도 없다.
사람들은 정치적 정의에 싫증이 난 게 아니다.
정치적 정의를 기다리다 지쳤을 뿐이다.

_What's Wrong With the World

좋은 소설은 주인공에 관한 진실을 들려주고,
나쁜 소설은 저자에 관한 진실을 들려준다.

Heretics

내가 말하는 '소설'은 지어낸 이야기를 뜻한다. (거의 예외 없이 산문이지만 꼭 산문일 필요는 없다.) 어떤 일화를 적나라하게 전달하기 위해서나 배경이 될 법한 무의미한 풍경을 묘사하기 위해서가 아니라, 다양한 인간 군상을 탐구하기 위해 하는 이야기 말이다.

_The Victorian Age in Literature

평범한 사람들만 기이한 것에 기습당한다. 기이한 사람들은 기이한 것을 보아도 아무 감흥이 없다. 평범한 사람들에게는 흥미진진한 순간이 훨씬 많으나, 기이한 사람들은 늘 삶이 따분하다고 불평하는 이유가 여기에 있다.

신작 소설은 금방 수명이 다하지만, 옛 동화들은 영원 무궁히 수명을 이어 가는 이유도 바로 여기 있다. 옛 동화에 나오는 영웅은 평범한 소년이다. 눈앞에 펼쳐지는 신나는 모험에 소년이 깜짝 놀라는 이유는 그가 '정상'이기 때문이다. 그런데 현대 심리 소설에 나오는 주인공은 정상이 아니다. 그래서 제아무리 무시무시한 모험이 펼쳐져도 별 감흥이 없다. 그러니 책이 지루할 수밖에. 수많은 용에게 에워싸인 영웅 이야기를 지어낼 수는 있어도 수많은 용 가운데 있는 어떤 용의 이야기는 지어내지 못한다. 동화는 멀쩡한 사람이 미친 세상에서 겪는 일을 이야기하고, 냉철한 사실주의에 기반을 둔 요즘 소설은 미치광이가 따분한 세상에서 겪는 일을 이야기한다.

_Orthodoxy

구약 성경 대부분의 핵심 사상은
'하나님의 고독'이라 할 수 있다.

하나님은 구약 성경의 등장인물 중 유일한 주인공이 아니라,
구약 성경에 나오는 유일한 등장인물이다.

_Introduction to the Book of Job

'오래된 책 중에 가장 흥미로운 책'이라는 말로는 욥기가 현 시대에 갖는 의의를 다 전달할 수 없다. 욥기는 '요즘 책 중에서도 가장 흥미로운 책'이라 할 수 있다. 물론, 둘 중 어느 쪽도 핵심을 짚는 주장은 아니다. 인간 안에 있는 근본적인 신앙과 근본적인 불신앙 둘 다 오래된 것인 동시에 새로운 것이기 때문이다. 철학은 영원불변하고, 그렇지 않으면 그건 철학이 아니기 때문이다.

요즘 사람들은 "내가 틀렸을 수도 있지만, 내 생각은 그래"라고 습관처럼 말한다. 전혀 이치에 맞지 않는 말이다. 틀릴지도 모르는 말을 한다면, 나는 내 생각이 아닌 걸 말하고 있는 셈이다. 요즘 사람들은 또 "누구나 저마다 철학이 있고, 이게 내 철학이야. 나한테는 이게 맞아"라고 습관처럼 말한다. 이런 입버릇은 저능함을 드러낼 뿐이다. 우주론은 인간에게 맞춰 구성되는 게 아니라 우주에 맞게 구성된다.

인간이 해와 달을 사사로이 소유할 수 없듯이, 인간은 종교 역시 사사로이 소유할 수 없다.

_Introduction to the Book of Job

욥기가 지적으로 아름다운 건
실상을 알고자 하는 갈망이 담겨 있기 때문이다.
그럴듯해 보이는 현상이 아니라
지금 일어나는 일의 실상을 알고자 하는 갈망 말이다.

Introduction to the Book of Job

아무리 광기를 끌어올려도 현대 궤변가들이 생각해 낼 수 있는 새로운 이상은 없다. 오래된 이상 중 하나를 완성하는 게 그보다 훨씬 더 놀라울 것이다. 어느 날, 케케묵은 격언이 현실이 되면 지축이 흔들리는 일이 벌어질 것이다. 해 아래서 할 수 있는 새로운 일은 단 하나, 해를 바라보는 것뿐이다.

우울한 6월 어느 날에 해를 바라보면, 왜 사람들이 자신의 이상을 직시하지 않는지 알게 될 것이다. 이상과 더불어 할 깜짝 놀랄 일은 오직 하나, 이상을 행하는 것뿐이다. 이는 지독한 논리적 사실과 그로 말미암은 지독한 결과를 마주하는 일이다. 율법을 완성하는 게 율법을 폐하는 것보다 더 충격적인 청천벽력이 되리란 걸 그리스도는 알고 있었다.

What's Wrong With the World

슬픈 일을 겪은 사람이 음울한 철학을 갖게 된다는 증거는 어디에도 없다.

어떤 의미에서 슬픔과 비관은 정반대다. 슬픔은 무언가에 가치를 두어서 생기지만, 비관은 그 무엇에도 가치를 두지 않아서 생기기 때문이다. 실제로, 모질고 잔인한 일을 많이 겪고도 누구보다 세상을 낙관하는 시인들을 자주 보지 않는가. 오랜 고통에서 벗어난 그들은 늘 인생을 낙관한다. 가끔은 그 정도가 지나쳐 역겨울 지경이다.

_Charles Dickens

토머스 칼라일은 사람들 대부분이 바보라고 했다.
기독교는 더 확실하고 경건한 사실을 바탕으로
인간들 모두가 바보라고 말한다.
때로 이 신조를 '원죄' 교리라 부르는데,
'인간의 평등함'에 관한 믿음으로 설명할 수도 있지 않을까.

_Heretics

세상에는 두 부류의 중재자가 있다.
둘 다 여러모로 골칫거리다.

첫 번째는 모든 사람의 의견에 동의한다고 말하고 다니는 부류다. 그래서 모두를 헷갈리게 한다. 두 번째는 모든 사람이 자기 의견에 동의한다고 말하고 다니는 부류다. 그래서 모두를 화나게 한다. 본래 싸움을 좋아하는 불쌍한 인생들이 애초에 생각했던 것보다 수백 배나 많은 분쟁과 분열에 휘말리는 원인이 이 둘에게 있다.

Illustrated London News

망원경은 세상을 더 작게 만든다.

세상을 더 크게 만드는 건 현미경이다.

머지않아 망원경 사용자들과 현미경 사용자들의 전쟁으로

세상은 둘로 쪼개질 것이다.

전자는 커다란 것을 연구하고 작은 세상에서 살고,

후자는 조그만 것을 연구하고 큰 세상에서 산다.

Heretics

시인은 보통 사람들을 이해함으로써 그들을 뛰어넘는다. 과 똑똑이는 사람들을 이해하려 하지 않음으로써 그들 위에 올라선다. 과똑똑이는 사람들이 좋아하는 묘하고 칙칙한 것을 모두 편견이요 미신이라 매도한다.

과똑똑이는 사람들로 바보 같은 기분이 들게 하고, 시인은 사람들로 생각했던 것보다 내가 더 괜찮은 사람일지도 모른다는 느낌이 들게 한다.

평범한 사람들을 포용하고 존중하는 시인은 종종 돌을 맞고 십자가에 못 박히고, 평범한 사람들을 경멸하는 과똑똑이는 대체로 땅을 차지하고 왕관을 쓴다.

Alarms And Discursions

세상에는 세 부류의 사람이 있다.

첫 번째 부류는 보통 사람들이다. 가장 광범위하고 가장 귀중한 계층이라 할 수 있다. 우리가 앉는 의자도, 입는 옷도, 사는 집도 이들 손에서 나왔다. 사실, 우리 역시 이 계층에 속해 있다. 두 번째 계층은 편의상 '시인'으로 불리는 이들이다. 대개 가족들에게는 골칫거리이나 인류에게는 축복인 존재들이다. 세 번째는 교수 또는 지식인 계층이다. 이따금 생각이 깊은 사람들로 묘사되기도 하지만, 가족에게도 인류에게도 어두운 그림자를 드리우고 주변을 황폐하게 만드는 존재들이다.

물론, 분류라는 게 본래 그렇듯 계층이 겹칠 때도 더러 있다. 선량한 보통 사람들 가운데 어떤 이들은 거반 시인이고, 불량한 보통 사람들 가운데 어떤 이들은 거반 교수다.

Alarms And Discursions

굳이 영국을 본받으라고 말하지 않아도
모두가 본받을 만한 나라를 만들어야 한다.
이게 내 정치 지론이다.

Alarms And Discursions

말의 무게를 알고 신중하게 말하고
자기가 한 말에 책임을 지는 건
세상에서 가장 쉬운 일이다.
누구라도 할 수 있다.
고리타분하고 나이 많고 돈 많은 이들이
수없이 정치판에 뛰어드는 이유가 여기에 있다.

All Things Considered

현대 세계 전체가 보수와 진보로 갈라져 있다.
실수를 계속하는 게 진보의 일이고,
그 실수를 바로잡지 못하게 막는 게 보수의 일이다.

_The Illustrated London News

자아는 메두사다.
허영은 다른 사람의 거울 속에서
메두사를 보며 살고,
교만은 혼자 메두사를 연구하다가
돌로 변한다.

_Heretics

이제, 우리 시대의 근간을 뒤흔든 크나큰 실수에 관해 이야기할 차례다. 우리는 서로 다른, 정반대되는 두 가지를 섞어 버렸다. 모름지기 '진보'란 우리가 꿈꾸는 '이상'에 맞춰 이 세상을 계속 변화시킨다는 의미여야 한다. 그러나 지금 진보는 우리가 계속해서 이상을 바꾸고 있다는 의미가 되어 버렸다. 모름지기 진보란 비록 느리더라도 사람들 가운데 정의를 구현하고 자비를 베푼다는 의미여야 한다. 그런데 지금 진보는 정의와 자비의 타당성을 즉각 의심한다는 의미가 되어 버렸다. 프로이센의 궤변가가 대충 휘갈긴 글이 사람들 마음에 의심의 씨앗을 뿌린 탓이다. 모름지기 진보란 우리가 새 예루살렘을 향해 계속 나아간다는 의미여야 한다. 그러나 지금 진보는 새 예루살렘이 계속해서 우리와 멀어지고 있다는 의미가 되어 버렸다.

우리는 이상에 맞춰 현실을 바꾸지 않는다.
대신에 이상을 바꾼다.
그게 더 쉽기 때문이다.

_Orthodoxy

상류층의 권력을 이해하는 열쇠는 간단하다.
그들은 항상 진보 쪽에 서려고 애쓴다.
항상 유행의 최첨단을 걷는다.
상류 계층에게는 참 쉬운 일이다.
상류층에게 새로움이란 필수품에 가까운 사치품이다.
과거와 현재가 너무 따분한 그들은
굶주린 짐승처럼 미래를 노려보며 아가리를 한껏 벌린다.

What's Wrong With the World

개인적으로 이야기했든 공개적으로 이야기했든,
우리가 내놓은 지혜로운 말은 이 세상 몫이나,
우리가 내뱉은 어리석은 말은
우리가 사랑하는 사람들 몫이다.

_Robert Browning

요즘에는 재산을 염두에 두어야만 예술 창작을 논할 수 있다. 보통 사람은 진흙을 잘라 인간을 만들 수 없다. 그러나 땅을 떼어 정원을 만들 수는 있다. 거기에 빨간 제라늄과 자주색 감자를 한 줄씩 번갈아 심어도 그는 여전히 예술가다. 그가 그렇게 선택했으므로. 보통 사람은 감탄을 자아낼 만한 빛깔로 저녁노을을 색칠할 수 없다. 그러나 스스로 선택한 색깔로 자기 집을 페인트칠할 수는 있다. 연두색으로 색칠하고 여기저기 분홍색 반점을 찍는대도 그는 여전히 예술가다. 그것이 자신의 선택이므로.

재산은 민주 국가의 예술이다. 모든 인간이 하늘의 형상을 따라 하늘의 모양대로 지음을 받았으니 누구나 자기의 형상을 따라 자기 모양대로 만들 수 있는 무언가를 소유해야 한다는 뜻이다.

_What's Wrong With the World

여론은 언제든 들불이 될 수 있다.
이견을 모조리 집어삼키는 들불.

_What I Saw In America

견해 차이 못지않게 무관심도 신성하다는 사실은 이상하리만치 잊힌 듯하다. 대중의 무관심 역시 하나의 여론이다. 그리고 그 여론은 대개 현명하다. 모든 사람에게 '미네랄 섭취'에 대해 투표해 달라고 부탁했다고 치자. 투표용지가 한 장도 수거되지 않으면, 나는 아마도 시민들이 투표하지 않았다고 말할 것이다. 하지만 실상은 그렇지 않다. 시민들은 이미 자신의 의견을 밝혔다.

Divorce versus Democracy

사람들이 저마다 다르고 자유로워서 생기는 무궁무진한 기회, 이것이 디킨스가 전하는 진짜 복음이다.

이런 삶에 비하면, 사람들에게 노출된 삶이나 명성이나 지혜 따위는 본질상 갑갑하고 차갑고 사소한 것일 뿐이다. 정해진 역할로 무대에 올라 화려한 조명을 받으면, 엄격한 기준에 도달하기 위해 내가 이런저런 성과를 냈노라고 고백하지 않을 수 없다. 무성한 나무처럼 사방팔방 잘 자랄 수 있는 사람은 이름이 전혀 알려지지 않은 이들뿐이다. 사람들은 자기 내면을 들여다보고서야 내 안에 내가 너무 많다는 사실을 깨닫는다. 내 안에 사는 내가 거대한 몸집과 고유한 색깔을 드러내는 건 어디까지나 사적인 삶에서다. 우리 중 많은 이가 사람들 앞에서 아무 특징 없는 꼭두각시 인형처럼 살아간다. 나만의 은밀한 대문을 지나서 나만의 비밀스러운 방문을 여는 순간, 비로소 거인들이 사는 땅에 발을 디딘다.

_Charles Dickens

사람들은 아이들이 학교에서 진실을 말하는 법을 배울 거로 생각한다. 그러나 그런 교육은 어디에서도 이루어지지 않는다.

학교에서는 진실을 말하는 게 인간 된 도리라는 암시조차 주지 않는다. 오히려 전혀 다른 말을 한다. 거짓말하지 않는 게 인간 된 도리라고 말이다. 이 잘못된 풍토가 얼마나 깊이 스며들었는지, 이제 우리는 이 둘이 다르다는 사실조차 미처 생각하지 못한다. 아이들에게 "진실을 말해야 해!"라고 할 때도 어디까지나 부정확한 표현을 삼가라는 뜻으로 하는 말일 뿐이다.

진실을 말할 것, 전체적인 상황을 공정하게 이야기할 것, 정보를 잘못 전달하지 말 것, 얼버무리지 말 것, 정보를 숨기지 말 것, 부당하다는 걸 알면서 '그럴듯한 주장'을 입에 담지 말 것, 한쪽에 치우친 견해를 증명하기 위해 뻔뻔하게 정보를 취사선택하지 말 것, 진짜로 열불이 났으면서 이해관계가 없는 제삼자인 척하지 말 것, 그저 제 잇속을 따져 움직이면서 불의를 보고 분노하는 척 속이지 말 것.

우리가 아이들에게 절대 가르치지 않는 것들이다. 이런 분위기에서는 결코 우연히 배울 수 없는 것이 있다. 그것은 바로 사건의 실상이 존재한다는 점, 실상을 알고 진실을 있는 그대로 말할 때 행복해진다는 점이다.

All Things Considered

신앙을 제일로 여기던 옛 종교인들은
도덕적 진리를 위해 사람들을 육체적으로 고문했다.
실익을 중시하는 요즘 현실주의자들은
육체적 진리를 위해 사람들을 도덕적으로 고문한다.

_Tremendous Trifles

"가장 멀리 외떨어진 별이라 해도,
이성과 정의를 피해 갈 수는 없는 법이오."

_The Innocence of Father Brown

결국, 우리가 글을 잘 썼는지 못 썼는지는 중요하지 않다.
도리깨를 들고 싸웠는지
갈대를 들고 싸웠는지도 중요하지 않다.

정말로 중요한 건
어느 편에서 싸웠는지다.

All Things Considered

빨강은 이 세상에서
가장 큰 기쁨을 주는 색이자
가장 무시무시한 색이다.

가장 격렬한 선율이요, 가장 밝은 빛이요,
가장 견디기 힘든 이 세상의 벽과
그 너머 타들어 가는 무언가가 있는 곳이다.
빨강은 우리를 살아 있게 하는 핏속에서,
우리를 파멸시키는 불 속에서,
사랑을 고백하는 장미꽃 안에서,
성찬식 때 마시는 독한 잔 속에서
붉게 타오른다.
빨강은 신앙이나 첫사랑처럼
강렬한 행복을 상징한다.

Alarms And Discursions

진화나 진보라는 단어를 붙들고 말씨름할 필요는 없다. 개인적으로는 개혁이라고 부르는 편이 낫다고 생각한다. 'reform'이라는 단어에는 'form'이 들어 있다. 개혁은 우리가 이 세상을 특정한 형태로, 그러니까 머릿속에 미리 생각해 둔 모양으로 빚어 가려 애쓴다는 뜻이다. 알아서 전개되는 게 진화고, 대개 잘못된 길일 가능성이 크지만 어쨌거나 길을 따라 나아가는 게 진보라면, 개혁은 이성적이고 단호한 인간을 상징한다.

개혁한다는 건
형태가 찌그러진 무언가를 보고
모양을 잡으려 한다는 뜻이다.

물론, 그 모양이 어떤 건지는 이미 알고 있다.

_Orthodoxy

종교를 선택하지 않아도 아이를 키울 수 있다.
그러나 환경을 선택하지 않고는
아이를 키울 수 없다.

종교를 배제하기로 선택하는 것은
곧 환경을 선택하는 것이다.
지독히도 음침하고 기괴한 환경.

미신과 사회 여건에 영향받지 않도록
커다란 호수 한가운데 있는 외딴 섬에서
홀로 아이를 키울 수는 있다.
그러나 그것은 곧
섬과 호수와 외로움을 선택하는 것이다.

_The Illustrated London News

사람들은 '종교의 자유'를
누구나 자유롭게
종교에 관해 논할 수 있다는 뜻으로 이해한다.
그러나 실제로는 누구도 종교를
입에 올릴 수 없다는 뜻이다.

_Autobiography

박해의 본질은 스미스필드에서 자행된 고문이나 화형에서 찾을 수 있는 게 아니다. 재물로든 벼슬로든 그 나라에서 권력을 쥔 자가 시민들이 믿는 종교나 철학이 아니라 자신의 종교나 철학으로 시민들을 지배하는 것, 이것이 박해의 본질이다.

_All Things Considered

새해의 목적은 새해를 맞이하는 데 있지 않다. 영혼과 코, 발과 척추, 귀와 눈을 새롭게 하는 것, 바로 여기에 새해의 목적이 있다. '새해 결심'을 하지 않는 사람은 그 어떤 결심도 하지 않는다.

무언가를 새로 시작하지 않으면, 어떠한 열매도 맺을 수 없다. 단 한 번뿐인 인생이라는 생각으로 시작하지 않으면, 이후의 삶을 장담할 수 없다. 사람이 다시 나지 않으면, 하나님나라에 들어갈 수 없다.

_The Living Age

'효율'이란 건 아무짝에도 쓸모가 없다. 행동이 이루어진 뒤에라야 그 행동이 효율적이었는지 비효율적이었는지 말할 수 있기 때문이다. 일이 벌어지기 전에는 그 일에 대한 철학이 존재하지 않는다. 따라서 효율에는 선택권이 없다. 행동이 완료된 뒤에라야 성공인지 실패인지 가늠할 수 있다. 그러나 행동을 시작하려면 개략적으로라도 옳고 그름이 있어야 한다.

승자를 응원한다는 건 있을 수 없다. 응원받는 그 순간에 그는 승자가 아니었으므로. 이긴 편에서 싸운다는 건 있을 수 없다. 싸움이란 본래 어느 쪽이 이길지 알아보기 위해 하는 것이다.

성공에 집착하는 사람은 틀림없이 세상에서 가장 나쁜한 감상주의자일 것이다. 늘 뒤를 돌아보아야 할 테니 말이다. 그저 승리만을 좋아한다면, 항상 전투에 늦으면 된다.

The Living Age

'용기'보다 현인들을 혼란에 빠뜨리고 골머리 앓게 한 주제도 없다.

용기라는 용어는 그 자체로 모순적이다. 용기는 죽을 각오로 살기를 바라는 강렬한 열망을 의미한다. "제 목숨을 잃는 사람은 목숨을 구할 것이다"라는 말은 성인들과 영웅들이나 들으라고 한 말이 아니다. 배를 타는 사람 또는 산을 오르는 사람에게 매일 하는 조언이다. 알프스산맥 등반 안내서나 훈련 교본에 적혀 있을 법한 말이다. 용기는 이처럼 역설적이다. 아주 세속적이거나 잔혹한 용기라도 예외가 아니다. 바다에 고립된 사람은 벼랑 끝에서 위험을 감수해야만 그나마 목숨을 구할 가능성이 생긴다. 죽기 직전까지 계속 나아가야만 죽음의 손아귀에서 벗어날 수 있다. 적에게 에워싸인 군인이 무사히 탈출하려면, 죽어도 상관없다는 태도와 살고자 하는 강렬한 열망이 함께 필요하다. 삶에 대한 집착만으로는 안 된다. 삶에 집착하면 겁쟁이가 될 테고, 그러면 탈출을 감행할 엄두조차 내지 못할 테니 말이다. 그렇다고 손 놓고 앉아서 죽을 때를 기다려서도 안 된다. 그것은 자살과 다르지 않고, 결국 거기서 탈출하지 못할 테니 말이다. 그는 지독하게 무심한 태도로 살고자 해야 한다. 물을 갈구하듯 삶을 갈망하고, 포도주를 마시듯 죽음을 들이켜야 한다.

_Orthodoxy

기도할 수 있는 곳을 찾아
눈길을, 빗길을 조심조심 걷게나
길은 아주 단순하지만,
자칫하면 길을 잃을 수도 있으니

젊음은 지독히도 고통스러운 수수께끼를 냈고
우리는 그것을 응시하고 눈여겨보는 법을 배웠지
미로같이 복잡한 전승을 우리는 다 알고 있네
진리를 제외한 모든 것을 아는,
우리는 옛날 옛적 그 세 현자라네

목소리를 낮추고 등불을 켜고
우박과 눈이 쌓인 길을 겸허하게 걷게나
길은 아주 단순하지만
자칫하면 옆길로 샐 수도 있으니

The Wise Men

어른들이 장난감을 가지고 놀지 않는 이유는 딱 하나인데, 꽤 타당성이 있다. 장난감을 가지고 노는 일이 다른 어떤 일보다 시간과 노력이 많이 들기 때문이다.

아이처럼 논다는 말은 노는 게 세상에서 제일 심각하고 중요한 일인 양 논다는 뜻이다. 해야만 하는 허드렛일이나 작은 걱정거리라도 생기면, 그렇게 거대하고 야심 찬 계획은 포기할 수밖에 없다.

어른들에게는 정치와 상업, 예술과 철학에 쏟을 힘은 있어도 놀 힘은 없다. 벽돌이든 인형이든 양철 병정이든, 어린 시절에 장난감을 가지고 놀아 본 사람이라면 잘 알 것이다. 나는 글쟁이로서 글을 써서 먹고살지만, 아무 벌이도 되지 않는 장난감을 가지고 놀 때만큼 글 쓰는 일에 무섭게 몰두하지는 않는다.

_The Toy Theatre

당연히, 정신이 나약한 자들은 모두 미래의 어디쯤을 헤매며 산다. 미래에 사는 건 어려울 게 하나도 없으니까. 거저먹기나 다름없다. 어떤 미래든 마음 내키는 대로 뚝딱 만들 수 있다. 미래는 백지와 같아서 내가 좋아하는 색으로 얼마든지 새로 칠할 수 있다.

하지만 과거를 직시하려면 진짜 용기가 필요하다. 과거는 도저히 잊을 수도, 극복할 수도 없는 사실들로 가득 차 있기 때문이다. 과거를 직시하는 이들은 우리보다 현명하고, 우리가 할 수 없는 일을 해낸 사람들이 분명하다.

나는 절대로 〈리시다스〉만큼 훌륭한 시를 쓸 수 없다. 잘 알고 있다. 하지만 미래에는 내가 쓰는 부류의 시가 대세가 될 거야, 라는 말은 얼마든지 쉽게 할 수 있다.

George Bernard Shaw

"가난한 사람들이 부자들과 똑같이 가지고 있는 것, 외로운 사람들이 친구들에게 둘러싸인 사람들과 똑같이 가지고 있는 것, 그것이 내가 가진 전부일세. 이 이상한 세상 전체가 내게는 집처럼 아늑하게 느껴지네. 그 중심에 본향이 있기 때문이지. 이 잔인한 세상이 내게는 한없이 다정하게 느껴지네. 하늘보다 더 높으시고 인간보다 더 인간다운 분이 거기 계시기 때문이지.

이 세상을 위해 싸우지 말라고 하면, 나는 과연 무엇을 위해 싸워야 할까?

물론, 나는 친구를 위해서도 싸울 걸세. 하지만 친구를 잃는 대도 이 세상에서 계속 살아가야 하네. 물론, 조국을 위해서도 싸울 걸세. 하지만 나라를 잃는대도 나는 계속 살아야 하네. 그러나 마귀가 꿈꾸던 세상이 실현된다면, 계속 살 필요가 없지. 물거품처럼 사라지는 게 맞네. 그렇게 노둔한 세상에서는 절대로 살 수 없어. 그러니 내 실존을 위해서라도 맞서 싸우는 게 마땅하지 않겠나?"

The Ball and the Cross

요즘 사람들은 걸핏하면 물질에 빗대기를 좋아한다. 이는 얼빠진 현대인의 주된 특징 중 하나다. 요즘은 무엇이 선한지에 관한 원칙도 밝히지 않은 채 부끄러운 줄도 모르고 비유를 들먹인다. 더 끔찍한 건 이런 천박한 비유가 더할 나위 없이 영적이고, 케케묵은 도덕보다 더 우월하다고 생각한다는 점이다. 그들은 무언가에 빗대 수준이 높다느니 하는 대화가 지적이라고 여기지만, 아무리 좋게 보아도 전혀 지적이지 않다. 높다는 건 뾰족탑이나 수탉 모양 풍향계에서 따온 표현에 불과하다.

"토미는 선량한 아이였다"라는 말은 플라톤이나 아퀴나스의 입에서 나올 법한, 순수하게 철학적인 발언이다. 그러나 "토미가 더 수준 높은 삶을 살았다"라는 말은 물질적 잣대로 사람을 평가하는 아주 무례하고 역겨운 비유에 지나지 않는다.

_Orthodoxy

만약 당신이 형편없는 오페라를 작곡했다고 치자. 그래도 당신은 '이 작품은 정말 훌륭해' 하고 스스로 확신할 수 있다. 만약 당신이 정말 보잘것없는 동상을 조각했대도 '이 정도면 미켈란젤로보다 나은걸' 하고 스스로 자신할 수 있다. 그러나 당신이 전투에서 패했다면, '내가 이겼어'라고 자신을 속일 수 없다. 당신에게 변호를 의뢰한 의뢰인이 사형을 당했다면, 절대로 그를 무죄 방면시킨 양 행세할 수 없다.

_George Bernard Shaw

"우리 주위에는 왜 이렇게 위인이 없을까?"

이 질문에 답하는 건 어렵지 않다. 우리 주위에 위인이 없는 주된 이유는 우리가 늘 위인을 찾아다니기 때문이다. 우리는 '위대함' 감식가들이다. 감식가는 절대 위대해질 수 없다. 무척이나 까다롭기 때문이다. 한마디로, 도량이 좁다. 디오게네스는 등불을 들고 정직한 사람을 찾아다녔다는데, 그러느라 스스로 정직해질 여유가 없었던 건 아닐까 저어된다. 떠받들 위인을 찾느라 손과 무릎이 바쁜 사람은 절대 위대해질 수 없다. 디오게네스가 뭘 잘못했느냐고? 그의 잘못은 너무도 명백하다. 디오게네스는 모든 인간이 정직한 동시에 부정직하다는 사실을 알아채지 못했다.

_Charles Dickens

위선자는 몹시 불행한 사람이다.

가장 정교하고 고된 지적 예술에 온 힘을 쏟은 끝에 아무도 모르게 걸작을 완성하고, 조마조마한 마음으로 전투에 임하여 아슬아슬하게 승리를 거머쥐어도 칭찬 한마디 기대할 수 없기 때문이다.

능수능란한 사기꾼은 세상에서 가장 비열한 천재요,
무인도에 사는 나폴레옹이다.

_Robert Browning

사람들 마음에는 구름이 내려앉았고,
바람은 울부짖듯 윙윙댔었네
그래, 어릴 적 우리 영혼에는 먹구름이 끼어 있었지
과학은 허구를 공표하고, 예술은 퇴폐를 칭송했었네
노쇠한 세상이 끝나가도 자네와 나는 그저 명랑했었지
악덕들이 발을 절룩이며 괴이한 모습으로 다가올 때
욕망은 웃음을 잃었고, 공포는 수치심을 잃었지
휘슬러의 하얀 머리털처럼 우울함에 방황하던 우리,
커다란 깃털 장식 마냥 하얀 꽁지깃을 내보이던 사람들
생은 골골대는 파리요, 사망은 쏘는 수벌이었지
자네와 내가 젊었을 때 세상은 아주 노쇠했었다네

The Man Who was Thursday

어떤 사람들은 '도그마'라는 단어를 좋아하지 않는다. 그건 그들 자유고, 다행히도 그들에게는 대안이 있다. 인간이 생각할 수 있는 건 두 가지, 딱 두 가지뿐이다. 도그마와 편견. 중세는 이성적인 시대, 교리의 시대였다. 우리 시대는 기껏해야 이상화된 시대, 편견의 시대다. 교리가 확고한 요점이라면, 편견은 방향이다. 사람은 먹으면 안 되지만 소는 먹어도 된다는 건 교리다. 무엇이 되었든 가능한 한 조금만 먹어야 한다는 건 편견이다. 이 편견은 가끔 이상理想으로 불리기도 한다.

_What's Wrong With the World

타인의 외모나 성별, 체형에는 아무 관심이 없고, 오로지 마음과 마음으로 서로 뜻이 통하느냐가 중요하다고 말하는 이들이 더러 있지만, 이런 사람들에게 붙들릴 필요는 없다.

세상에는 누구도 믿으려 하지 않는
말들이 있는데,
살다 보면 그런 말을 꽤 자주 듣게 된다.

The Defendant

멀쩡한 사람이란 어떤 사람일까?
신중하게 내릴 수 있는 정의는 하나뿐이다.

멀쩡한 사람이란 가슴에는 비극을,
머리에는 희극을 담을 수 있는 사람이다.

_Tremendous Trifles

예술가적 기질은
아마추어들을 괴롭히는 병이다.

_Heretics

톨스토이식 해석을 지지하는 자들은 사자가 어린양과 함께 누우면 어린양처럼 된다고 생각한다. 그러나 이것은 양이 주도한 악랄한 합병이자 제국주의다. 사자가 양을 먹어 치우는 대신 양이 사자를 흡수하는 것에 지나지 않는다. 진짜 문제는 여기에 있다. 사자는 과연 어린양과 함께 누워서도 당당하고 흉포한 성질을 그대로 간직할 수 있을까? 이것이 바로 교회가 풀려고 했던 문제이자 교회가 이루어 낸 기적이다.

_Orthodoxy

영국을 만든 건 피도 아니고 비도 아니고
희망이다.
죽은 자들이 그토록 바라고 바랐던 희망.

켈트인의 두뇌나 갈리아의 태양이
프랑스를 만든 게 아니다.
프랑스가 프랑스인 이유는
스스로 그 길을 선택했기 때문이다.

George Bernard Shaw

현자는 하늘에 낮게 뜬 크고 강렬한 별을 따라가나 가까이 다가갈수록 별은 점점 더 작아진다. 조그만 여인숙이나 마구간에 이르러서야 그는 자기를 인도한 별이 작은 손전등이었음을 깨닫는다.

높은 곳에 있는 것들을 알기 전에는
그것이 얼마나 사랑스러운지
깨닫지 못하는 법이다.

_William Blake

'여러 얼굴을 한 변덕스러운 배신자'를 쏴 죽이는 것은
지극히 작은 도덕적 목표일 수 있다.
그래도 여러 얼굴을 한
변덕스러운 배신자가 되는 것보다야 백배 낫다.
사실, 단눈치오 이래
현대에 썩 괜찮다고 평가받는 많은 제도가
바로 이 모습을 하고 있다.

The Defendant

부수적으로 따라오는 이런저런 자선 활동을 하지 않아도 쉽게 용서받을 수 있을지 모른다. 비럭질을 업으로 삼는 자들처럼 대단히 난해하고 미심쩍은 사례라면 특히 더 그렇다. 그러나 힘든 일이 아니라며 부탁하는데도 힘들다고 몸을 사리는 행동은 지극히 위선적이라 아니 할 수 없다. 실제로 집에 찾아온 거지 열 명과 대화를 나누려고 시도해 보면, 그 일이 병원비에 보태라고 수표를 써 주는 수고로움보다 훨씬 더 어렵다는 걸 바로 알게 될 것이다.

_What's Wrong With the World

어릴 적에 우리가 괴로워 아우성쳤던 유클리드의 흥미진진한 책에는 "점은 부분이 없는 것이다"라고 쓰여 있다.

겸손은 자신을 점으로 줄이는
화려한 기술이다.
작은 점 혹은 큰 점이 아니라,
측정할 수 없을 정도로 크기가 아예 없는 점.

_The Defendant

"궁극적으로 유인원이 인간을 내놓았으니, 우리도 궁극적으로 인간보다 더 뛰어난 존재를 내놓아야 한다." 니체가 쓴 저작 가운데 가장 설득력 없는 글에 나오는 구절이다. 그의 주장에 명확한 질문으로 즉답하자면, 유인원은 인간을 걱정하지 않았는데, 우리는 왜 초인을 걱정해야 하는가? 자연 선택의 원리에 따라 초인이 등장할 거라면, 자연 선택에 맡기면 될 일 아닌가? 그가 단순히 조금 더 공정하거나 조금 더 용감하거나 조금 더 인정이 많을 뿐이라면, 차라투스트라는 교회 학교 교사로 안성맞춤이다. 우리가 할 수 있는 일이라고는 더 공정해지고 더 용감해지고 더 자비로워지라고, 현명하지만 별로 놀랄 것 없는 조언을 건네는 게 전부다. 만약 초인이 이와는 다른 존재가 되어야 한다면, 그런 존재가 등장하기를 바라야 할 이유는 대체 무엇이고, 우리가 바라고 고대해야 할 다른 존재는 대체 뭐란 말인가?

니체를 따르는 사람들에게 이 질문을 여러 번 던졌으나 그들 중 누구도 이 질문에 답하려 하지 않았다.

_George Bernard Shaw

정신이 온전한 사람이 자기 자신이 복잡한 존재라는 걸 알고 있듯이, 그리스도인은 우주가 여러 부분으로 구성되어 있으며 갖가지 특성이 뒤섞여 있다는 사실을 인정한다. 정신이 온전한 사람은 자기에게 살짝 짐승 같은 면도 있고, 악마 같은 면도 있고, 성자 같은 면도 있고, 시민 같은 면도 있다는 것을 알고 있다. 정말로 정신이 온전한 사람은 자기에게 약간의 광기가 있다는 점도 알고 있다. 그러나 미치광이가 자기는 멀쩡하다고 굳게 확신하듯이, 유물론자의 세계는 몹시 단순하고 견고하다. 어떤 미치광이가 자기는 그저 병아리일 뿐이라고 확신하듯이, 유물론자는 역사는 그저 인과율을 따를 뿐이라고 확신한다.

유물론자와 미치광이에게는
의심이 끼어들 틈이 없다.

Orthodoxy

어떤 사람이 다른 사람에게 "네가 나를 때리지 않으면 나도 너를 때리지 않을게"라고 말하면서 도덕이 시작된 게 아니다. 이런 거래가 있었다는 흔적은 어디에도 없다. 하지만 두 사람이 "이 거룩한 곳에서는 우리가 서로 치고받고 싸우지 말자. 그래선 안 된다"라고 말한 흔적은 있다.

그들은 자기들의 종교를 지킴으로써 도덕성을 얻었다.
그들은 담력을 기르지 않았다.
성지를 지키기 위해 싸웠더니 자기도 모르게 용감해졌다.
그들은 깨끗해지려고 애쓰지 않았다.
제단에 나아가기 위해
스스로 몸과 마음을 정결하게 하였더니,
자기도 모르게 깨끗해졌다.

_Orthodoxy

대대로 아일랜드 땅에서 삶을 일궈 온 보통의 아일랜드인은
땅과 가깝게 지내서 애국심이 강하다.

땅과 가깝게 지내서 가정적이고,
땅과 가깝게 지내서
교리 신학과 정교한 예배 의식에도 익숙하다.

한마디로, 보통의 아일랜드인은
땅과 가깝게 지내서 하늘과도 가깝다.

_George Bernard Shaw

크리스마스에 죽은 동물이 크리스마스나 성탄 만찬이 없었더라면 더 좋았을지 더 힘들었을지 나는 모른다. 내가 아는 사실은 크리스마스나 성탄 만찬이 없다면, 내가 속해 있고 모든 걸 빚지고 있는 이 형제들, 싸움과 고통 속에 신음하는 인류가 훨씬 더 힘든 시간을 보내리라는 점이다. 스크루지가 크래칫에게 준 칠면조의 일생이 매력이 덜한 칠면조의 일생보다 더 멋졌을지 더 우울했을지는 내가 추측조차 할 수 없는 주제다. 내가 확실히 아는 사실은 스크루지가 칠면조를 준 건 잘한 일이고, 그로 인해 크래칫이 더 행복해졌다는 점이다. 칠면조의 삶과 죽음은 내가 신경 쓸 바가 아니나, 스크루지의 영혼과 크래칫의 몸은 내가 관심을 기울여야 할 바다. 나는 어떤 일이 있어도 관념적 지식을 위해 인간의 가정을 불행하게 하지도, 축제를 망치지도, 선물과 선행을 모욕하지도 않을 것이다. 우리는 한배를 타고 폭풍우 치는 바다를 항해하고 있다. 살기 위해 상어를 잡아먹을 거라면, 고통이 가장 적은 방법을 택하자. 또한, 원한다면 누구든지 상어를 사랑해도 좋다. 쓰다듬어도 되고 목에 리본을 달아도 된다. 설탕을 주어도 되고 춤을 가르쳐도 된다. 그러나 상어 한 마리가 선원 한 명보다 더 가치 있다거나 상어가 선원의 다리를 물어뜯게 놔두자고 말하는 이가 있다면, 나는 그를 군법 재판에 넘길 것이다. 그는 우리가 탄 배의 반역자이기 때문이다.

All Things Considered

다치는 걸 겁내지 않는 신체적 용기가 잔인함과 연관이 있다는 건 이 시대가 지어낸 섬뜩하고 비열한 거짓말이다.

톨스토이 추종자들과 키플링 추종자들도 이 주장을 계속 고수하지는 못했다. 내가 알기로 그들은 편을 갈라서 서로 싸우고 있다. 한쪽에서는 용기와 잔인함이 연관이 있으니 용기를 버려야 한다고 말하고, 다른 한쪽에서는 잔인함도 용기의 한 부분이므로 나름대로 매력이 있다고 주장한다. 그러나 다행히도 둘 다 거짓말이다. 체력과 배짱이 사람을 어리석고 무모하고 우둔하게 만들 수는 있다. 자신에게 한껏 취하게 만들 수도 있고 의욕을 불태우게 만들 수도 있다. 그러나 체력과 배짱이 있다고 사람이 갑자기 악의에 가득 찬 인물로 돌변하지는 않는다.

What's Wrong With the World

현대 인문주의자는 모든 견해를 좋아할 수는 있어도
모든 사람을 사랑하지는 못한다.
가끔은 인문주의에 심취한 나머지
모든 사람을 미워하기까지 하는 듯하다.
인문주의자는 모든 견해를 좋아할 수 있다.
인간은 불쾌한 존재다, 라는 견해를 포함해서.

_Appreciations and Criticisms of the Works of Charles Dickens

"오직 한 가지에만 관심이 있는 사람은
본래 다 위험한 법이라네.
나도 한때는 그랬었지."

_The Napoleon of Notting Hill

인류라는 종족은 처음부터 유치한 놀이를 해왔고, 아마도 이 세상이 끝날 때까지 계속할 것이다.

유치한 놀이를 그만두고 어른이 된 소수에게는 참으로 골치 아픈 노릇이다. 사람들이 애착을 품는 유치한 놀이 가운데는 '내일에게 비밀로 하기'라는 놀이가 있는데, 더러는 '예언자 속이기'라고 부르기도 한다. 이 놀이에 참여하는 사람들은 현인들이 다음 세대에 어떤 일이 벌어질지 이야기하면 한마디도 놓치지 않으려고 귀를 쫑긋 세우고 공손한 태도로 경청한다. 그리고 현인들이 다 죽을 때까지 기다렸다가 예를 갖추어 장사를 지낸다. 그런 다음, 돌아가서 예언과 아무 상관 없이 행동한다. 그게 끝이다. 취향이 소박한 종족에게는 이만큼 재미있는 놀이도 없다.

The Napoleon of Notting Hill

겸손은 주로 인간의 오만과 끝없는 욕구를 억제하는 것을 의미했다. 인간에게는 늘 새로운 욕구가 생겼고, 새로운 욕구가 자비심을 웃돌기 일쑤였다. 향락의 위력이 기쁨의 반을 망가뜨렸다. 인간은 즐거움을 쫓아다니다가 가장 큰 즐거움을 잃었다. 예상치 못하다가 깜짝 놀라는 것이야말로 세상에서 가장 즐거운 일이기 때문이다. 여기서 분명해지는 사실이 있다. 자기가 사는 세상을 키우고 싶으면 스스로 작아져야 한다는 점이다. 오만한 상상, 고층 건물로 빽빽한 도시, 바람에 휘청이는 첨탑도 다 겸손의 산물이다. 잔디를 밟듯 숲을 밟아 뭉개는 거인들도 겸손의 산물이요, 쓸쓸한 별이 저 너머로 사라지는 성채도 겸손의 산물이다. 올려다볼 필요가 없는 성채는 높다고 할 수 없고, 우리보다 크지 않은 거인은 거인이 아니니까. 이렇듯 가장 위대한 즐거움이라 할 만한 거대한 상상력 아래에는 철저한 겸손이 깔려 있다.

겸손이 없이는 어떤 것도 즐길 수 없다.
심지어 교만까지도.

_Orthodoxy

비관론자가 반란을 일으킨다고 흔히들 말하는데, 이는 사실이 아니다. 반란을 이어가려면 쾌활함이 어느 정도 필요하다는 게 첫 번째 이유다. 두 번째 이유는 비관론이 보통 약자들에게 호소력을 갖기 때문이다. 따라서 비관론자는 장사 잘되는 선술집 주인처럼 번창하게 마련이다. 진짜로 반란에 가담하는 사람은 낙관론자다. 일반적으로 낙관론자는 다른 사람들에게 그들이 얼마나 좋은 사람인지 이해시키기 위해 죽음까지도 불사하며 필사적으로 애쓴다. 만약 정말로 사람들을 격분시키고 싶다면, 정말로 죽음도 불사하고 사람들을 화나게 하고 싶다면, 수백 번 검증된 확실한 방법이 하나 있다. 사람들에게 "여러분은 모두 하나님의 자녀입니다"라고 말하면 된다. 기억하겠지만, 예수 그리스도는 십자가에 못 박혔다. 하나님을 두고 무슨 말을 해서가 아니라, 일개 인간이 성전을 허물고 사흘 만에 세울 수 있다고 말했기 때문이다. 이사야부터 퍼시 비시 셸리에 이르기까지 위대한 혁명가는 하나같이 낙관론자였다. 그들은 인간이라는 존재가 못돼 먹어서 분개한 게 아니라 자신의 선함을 깨닫기까지 너무도 굼떠서 분개했다.

돌 맞아 죽은 선지자는 싸움꾼이나 헤살꾼이 아니다. 그저 사랑을 고백했다가 채인 사람일 뿐이다. 선지자는 늘 짝사랑으로 괴로워한다.

_The Defendant

"웃음과 사랑은 어디에나 있다네. 하나님을 사랑했던 시대에 지은 대성당에는 불경스러울 정도로 그로테스크한 장식이 가득하지. 어머니는 자식을 보고 끊임없이 웃고, 연인은 자기 애인을 보고, 아내는 남편을 보고, 친구는 자기 친구를 보고 계속 웃는다네."

_The Napoleon of Notting Hill

생의 순전한 가치는 싸움을 통해서만 손에 넣을 수 있다.
만약 우리가 모든 것을 받아들였다면,
무언가 놓친 것이 있다.
그것은 바로 전쟁.

우리의 생은 매우 즐거운 싸움이요,
매우 비참한 휴전이다.

_Charles Dickens

진심으로 말하는데, 도시에서 펼쳐지는 가장 천박한 인간 숭배보다 자연 숭배가 도덕적으로 더 위험하다. 자연 숭배는 비인간적인 비밀 의식이나 무심함 혹은 잔혹함으로 변질되기 쉽기 때문이다.

채소 대신 채소 장수에게 마음을 쏟았다면,
헨리 데이비드 소로는 더 쾌활한 인간이 되었을 것이다.

Alarms and Discursions

나는 사람들이 마시는 음료로 그들이 믿는 신조를 표현할 수 있을 것 같다는 생각에 종종 사로잡히곤 한다.

포도주는 진정한 가톨릭 신앙을, 에일 맥주는 진정한 프로테스탄티즘을 상징한다. 적어도 이 둘은 내면에 위로와 힘을 간직한 진짜 종교이기 때문이다. 깔끔하고 냉정한 불가지론은 깨끗한 냉수에 빗댈 수 있다. 깨끗한 냉수를 손에 넣을 수만 있다면 그건 정말 굉장한 일일 것이다. 현대에 유행하는 대다수의 이상적인 윤리 운동은 소다수로 표현할 수 있다. 아무것도 아닌데 소리만 요란하다. 조지 버나드 쇼의 철학은 딱 블랙커피 같다. 잠을 깨우긴 하지만, 영감을 불어넣지는 못한다. 현대 유물론은 코코아와 아주 비슷하다. 이보다 더 매서운 말로 경멸을 표현할 수는 없을 것이다. 이따금 사람들은 정말로 우유에 빗댈 수 있는 무언가와 마주치기도 한다. 옛 이방인의 상냥함, 세속적이나 지속적인 자비, '따뜻한 인정milk of human kindness' 말이다. 이 우유는 몇몇 이방 시인이나 옛 우화에서 운 좋게 발견되기도 하지만, 모든 곳에서 빠르게 자취를 감추고 있다.

_William Blake

옛것에 저항할 필요 없다.
도리어 새것에 저항해야 한다.

새것이란 새로운 지배층, 자본가와 언론을 말한다. 그들이 현대 세계를 손에 꽉 쥐고 있다. 현대의 왕이 헌법 위에 군림하려 하지 않을까 두려워할 필요 없다. 그는 오히려 헌법 따위 모른 척하고 뒤에서 일을 도모할 가능성이 크다. 왕권을 이용하지도 않을 것이다. 오히려 왕의 무력함을 이용할 가능성이 크다. 자신은 세간의 비판도 언론의 주목도 받지 않는다는 사실 말이다. 우리 시대에는 왕이야말로 누구보다 평범한 사인私人이기 때문이다. 우리는 언론 검열 운운하는 세력에 맞서 다시 싸움을 벌일 필요가 없다. 언론 검열은 걱정할 필요 없다. 우리가 지금 언론의 검열 아래 있으므로.

_Orthodoxy

이 세상은 브라이턴에 있는 하숙집이 아니다. 비참할 정도로 상태가 끔찍해서 하루빨리 짐을 싸서 나가야 할 하숙집이 아니라는 말이다. 이 세상은 우리 가족의 요새다. 망루에 꽂아 둔 깃발이 펄럭이는 이 요새는 상태가 끔찍하고 비참할수록 떠나면 안 되는 곳이다.

요컨대, 이 세상은 너무 슬퍼서 사랑할 수 없는 곳도,
너무 기뻐서 사랑하지 않을 수 없는 곳도 아니다.

무언가를 사랑할 때면 당신은 그 대상이 지닌 기쁨 때문에 그것을 사랑하고, 그것이 지닌 슬픔 때문에 그것을 더 사랑한다. 영국에 대한 낙관적인 생각과 비관적인 생각 모두 애국자가 될 이유가 된다. 마찬가지로, 낙관주의와 비관주의 모두 세상을 사랑할 이유가 된다.

_Orthodoxy

대중은 저속한 작품을 좋아하는 게 아니다.

특정 부류의 작품을 좋아하는 것이다. 그것이 다른 부류의 문학 작품보다 더 저속하든 더 고상하든 대중은 그 부류의 문학 작품을 더 좋아한다. 이런 취향을 비상식적이라거나 무분별하다고 말할 수는 없다. 부류가 서로 다른 문학 작품 간의 경계는 눈물과 웃음의 경계만큼이나 생생하고 실재하기 때문이다.

저속한 희극 작품만 소화할 수 있는 사람에게 훌륭한 비극 작품도 좀 읽어 보라고 말하는 건 추워서 몸을 덜덜 떠는 사람에게 밍밍하지만 따뜻한 커피 대신 최고급 얼음을 건네는 것만큼이나 분별없는 짓이다.

_Charles Dickens

만약 기독교 신앙이 쇠퇴하는 제국을 일시적으로 휩쓴 유행에 불과했다면, 유행이 시들해질 무렵 새로운 유행이 뒤따랐을 테고, 만에 하나 기독교 문명이 다시 등장한 거라면, 새로운 이방인의 깃발을 들고 등장했을 것이다. 그러나 기독교회는 옛 사회의 마지막 생명이자 새 사회의 첫 생명이었다. 기독교회는 아치를 어떻게 만드는지 잊어 가던 사람들을 데려다가 고딕 아치를 창안하도록 가르쳤다. 교회를 두고 할 수 있는 가장 어처구니없는 말을 우리는 이미 다 들어서 알고 있다.

교회가 우리를 암흑의 시대로 되돌리려 한다니,
어떻게 그런 말을 할 수 있는가?
우리를 암흑에서 데리고 나온 유일한 안내자가
바로 교회인데.

Orthodoxy

무언가의 진가를 알려면 그 대상을 고립시켜야 한다. 설사 그 대상이 고립이 아닌 다른 것을 상징한다고 하더라도.

집이 무엇인지 알고 싶으면, 사람이 살지 않는 풍경 속에 홀로 있는 집을 보아야 한다. 인간이 무엇인지 묘사하고 싶으면, 사막이나 검은 바닷모래에 홀로 있는 인간을 그려야 한다. 유일한 인물인 한 그는 인류를 의미하고, 홀로 있는 한 그는 인간 사회를 의미하고, 외톨이인 한 그는 사귐과 우애를 의미한다. 다른 인물을 추가하면 인간다운 면이 퇴색되고 만다. 하나가 딱 좋다. 둘은 아무 의미 없다. 인간이 세운 건물을 표현하고 싶으면, 지평선에 검은 탑을 하나 그려라. 빛을 표현하고 싶으면, 별이 하나도 없는 하늘을 그려라. 우리가 '오늘'이라고 부르는 빛나는 계절에 하늘에는 별이 딱 하나뿐이다. 우리가 태양이라고 부르는, 커다랗고 맹렬한 별. 하나의 태양은 찬란하나 여섯 개의 태양은 상스럽기만 하다. 하나뿐인 조토의 종탑은 장엄하나 길게 늘어선 조토의 종탑은 흰색 기둥 행렬에 지나지 않는다. 예술을 노래하는 시는 단 하나의 탑을 바라보고, 자연을 노래하는 시는 단 한 그루의 나무를 바라보고, 사랑을 노래하는 시는 단 한 명의 여성을 뒤따르고, 신앙을 노래하는 시는 단 하나의 별을 경배한다.

Tremendous Trifles

모든 길을 거부한 톨스토이와 모든 길을 수용한 니체는 갈림길에 서서 옴짝달싹 못 했으나 잔 다르크는 달랐다. 한 가지 길을 선택했고, 벼락같이 내달렸다. 잔 다르크는 두 사람이 가진 진실한 면을 모두 가지고 있었다. 톨스토이는 고결했다. 소박한 일상에 즐거워했고, 연민을 드러내는 데 꾸밈이 없었고, 이 땅의 현실을 직시했고, 가난한 자들을 공경했고, 꼬부랑 노인들을 고귀하게 여겼다. 잔 다르크는 이것에 더하여 위대한 점 하나를 더 갖추고 있었다. 그녀는 직접 가난을 견뎠다. 잔 다르크에 비하면 톨스토이는 가난의 비밀을 알아내려 애쓰는 전형적인 귀족에 불과했다. 가난한 니체에게는 용기와 자부심과 호소력이 있었다. 그는 우리 시대를 뒤덮은 허무와 겁심에 반기를 들었다. 위험하게 살라, 계속 돌진하라, 무장하라 소리쳤다. 잔 다르크는 이런 자질을 모두 갖추었을 뿐 아니라, 싸움을 칭송만 한 니체와 달리 직접 나가 싸웠다. 잔 다르크는 군대도 겁내지 않았으나 니체는 암소 한 마리도 무서워했다. 톨스토이는 농부를 칭찬했으나 잔 다르크는 농부였고, 니체는 전사를 칭송했으나 잔 다르크는 전사였다. 잔 다르크는 두 사람의 이상을 모두 넘어섰다. 톨스토이가 꿈꾸던 이상보다 더 온유했고, 니체가 꿈꾸던 이상보다 더 맹렬했다. 잔 다르크는 무슨 일인가를 하는 완벽한 실천가였으나 톨스토이와 니체는 아무것도 하지 않는 공론가에 불과했다.

Orthodoxy

우리 문명은 인간의 유무죄를 가리는 일은 너무나 중요하므로 법을 공부한 전문가들에게 맡길 수 없다고 결정했다. 이는 아주 타당한 결정이다. 이 무시무시한 문제를 명확히 처리하고 싶으면, 법에 관해 나보다 아는 게 많지 않으면서 내가 배심원석에 앉아서 느낄 법한 감정을 똑같이 느낄 보통 사람들에게 물어야 한다. 도서관 장서 목록을 만들고 싶거나 태양계를 발견하고 싶을 때, 이와 비슷한 종류의 사소한 일들을 처리하고 싶을 때는 해당 분야의 전문가를 활용하면 된다.

하지만 정말로 심각하고 진지한 문제를
해결하고 싶을 때는
주위에 서 있는 평범한 사람 중에
열둘을 모아야 한다.
내 기억이 틀리지 않는다면,
기독교 창시자도 똑같은 일을 했다.

Tremendous Trifles

억압당하는 자를 구하려면, 얼핏 상극처럼 보이는 두 가지 감정을 동시에 가져야 한다. 억압당하는 그를 몹시 비참한 존재로 여기는 동시에 몹시 매력적이고 중요한 인물로 여겨야 한다. 그가 지금 얼마나 큰 멸시를 당하고 있는지 맹렬히 설파해야 하고, 그가 얼마나 존엄한 존재인지 똑같이 맹렬하게 주장해야 한다. 앞의 주장이 조금이라도 설득력이 부족하면 사람들은 그를 구할 필요가 없다고 말할 테고, 뒤의 주장이 조금이라도 설득력이 떨어지면 사람들은 그를 구할 가치가 없다고 말할 터이기 때문이다.

낙관론자들은 개혁을 두고 불필요하다고 말하고,
비관론자들은 개혁을 가리켜 가망 없다고 말한다.

억압당하는 자를 구하려면, 낙관론자도 되고 비관론자도 되어야 한다. 그를 가리켜 벌레같이 비참한 존재요 신과 같이 존귀한 존재라고 말해야 한다.

_Charles Dickens

사랑이 사람들을 결속시켜 하나로 묶어 준다는 생각은 크나큰 오산이다.

사랑은 다양성을 장려한다. 사랑은 개성을 향하기 때문이다. 정말로 사람들을 하나로 결속시켜 서로 좋아하게 만드는 건 다름 아닌 증오다. 예를 들어, 우리가 독일을 사랑하면 할수록, 우리는 독일에 영국과는 다른 무언가가 있다는 사실과 우리가 우리의 고유한 관습을 지키듯 독일도 독일의 고유한 관습을 지켜야 한다는 사실을 더욱더 기쁘게 받아들일 것이다. 반대로, 우리가 독일을 증오하면 할수록, 우리는 독일에 맞서 무장하기 위해 독일의 무기와 요새를 점점 더 많이 모방할 것이다. 현대 국가들은 서로를 싫어하면 할수록 순순히 서로를 뒤좇으며 모방한다. 본디, 모든 경쟁은 맹렬한 표절에 지나지 않는다.

Appreciations and Criticisms of the Works of Charles Dickens

"교회는 애서니엄 클럽 같은 게 아닐세."

그가 소리쳤다.

"회원들이 전부 탈퇴하면 애서니엄 클럽은 해체되고, 더 이상 존재하지 않겠지만, 교회는 달라. 교회에 속해 있는 동안 우리는 우리 외부에 있는 무언가에도 속해 있네. 추기경이나 교황을 포함하여 자네가 말하는 모든 것의 외부. 사람들은 교회에 속해 있어도 교회는 사람들 것이 아니라네. 어느 날 갑자기 우리가 다 죽는대도 교회는 하나님 안에 여전히 존재할 걸세."

The Ball and the Cross

거짓말쟁이들 사이에도 등급이 있다.

솔직한 거짓말쟁이가
그렇지 않은 거짓말쟁이보다 훨씬 낫다.

솔직한 거짓말쟁이란 전에 한 거짓말을 털어놓는 사람을 말한다. 그는 "사실, 내가 월요일에 엄청난 거짓말을 했어"라고 수요일쯤 털어놓는다. 항상 너무 늦지 않게 진실을 밝힌다. 따라서 전에 했던 거짓말이 속에서 썩어 문드러져서 흉측한 비밀이 될 일이 없다. 묵은 거짓말을 가슴에 끌어안고 살지 않아도 된다는 말이다.

Appreciations and Criticisms of the Works of Charles Dickens

어떤 장소를 영원히 기억하려면, 그곳에서 한 시간 동안 살면 된다. 그 장소에서 한 시간 동안 살려면, 한 시간 동안 그곳을 잊어야 한다. 눈을 감으면 누구나 볼 수 있는 불멸의 풍경은 안내 책자가 시키는 대로 바라보았던 풍경이 아니다. 눈을 감으면 우리 앞에 펼쳐지는 광경은 우리가 한 번도 시선을 두지 않았던 풍경이다.

다른 생각을 하느라,
가령 죄라든가 연애라든가
유치한 고뇌 따위를 생각하면서 걷느라
미처 눈길을 주지 못했던 풍경들.
그때 보지 못했기에
지금 그 풍경을 볼 수 있는 것이다.

Charles Dickens

한때 이방인의 전유물처럼 여겨지던 기쁨이 지금은 그리스도인의 크나큰 비밀이 되었다. 복음서를 가득 채운 거대한 인물은 늘 그렇듯 기쁨이라는 측면에서도 스스로 대단하다고 자부하는 모든 사상가를 가뿐히 뛰어넘는다. 그분은 자연스럽게, 거의 우발적으로 격정을 드러내셨다. 고대와 현대의 스토아학파는 눈물을 감추는 걸 자랑으로 여긴다. 하지만 그분은 눈물을 감추지 않으셨다. 멀리 보이는 고향 정경과 같은 일상의 풍경 앞에서 치미는 감정을 얼굴에 그대로 드러내셨다. 그렇지만 그분에게도 무언가 감추는 것이 있었다. 근엄한 초인들과 도도한 외교관들은 화를 억누르는 걸 자랑으로 여긴다. 그러나 그분은 화를 억누르지 않으셨다. 성전 계단에서 상과 의자를 둘러엎으셨고, "너희가 어떻게 지옥의 심판을 피하겠느냐?"고 소리치셨다. 그러나 그분에게도 애써 억누르는 무언가가 있었다. 경외하는 마음으로 하는 소리다. 엄청나게 충격적인 그분 안에는 '수줍음'이라고 불러야 마땅한 요소가 있었다. 기도하러 산에 올라가셨을 때 그분은 모든 사람에게 무언가를 감추셨다. 돌연 침묵하시거나 충동적으로 홀로 계시려고 하면서 무언가를 감추셨다. 하나님이신 그분이 이 땅에 사시는 동안 너무 엄청나서 차마 우리에게 보여 줄 수 없었던 것이 한 가지 있었다. 그게 환희가 아니었을까, 하는 공상을 나는 이따금 하곤 한다.

Orthodoxy

헨리 필딩의 톰 존스는 선악을 모두 지닌 채 아직 살아 있다. 우리는 지금도 길을 걷는 그를 매일 만난다. 만나서 술도 마시고 담배도 피우고 이야기도 나눈다. 더러는 그의 이야기를 하기도 한다. 딱 하나 다른 점은 이제 우리에게 그에 관한 글을 쓸 용기가 없다는 점이다. 우리는 다시 없을 인간 톰 존스를 갈기갈기 찢었다. 제임스 매슈 배리는 그의 좋았던 시절을 글로 썼고, 그리하여 그를 실제보다 더 나은 인간으로 만들었다. 에밀 졸라는 그의 힘들었던 시절을 글로 썼고, 그를 실제보다 더 못된 인간으로 만들었다. 모리스 마테를링크는 그가 영적 공황 상태에 빠져 비겁해졌던 순간을 추켜올렸고, 러디어드 키플링은 그가 더 비겁해져서 잔인하게 굴었던 순간을 추켜올렸다. 외설 작가들은 이 평범한 남자의 음탕함을 글로 썼고, 청교도 작가들은 이 평범한 남자의 순수함을 글로 썼다. 우리는 인간이 악마처럼 보이는 구멍을 들여다보고, 그것을 '신예술'이라 부른다. 또한, 인간이 천사처럼 보이는 또 다른 구멍을 들여다보고, 그것을 '신신학'이라 부른다. 그러다 책장에서 먼지 쌓인 고서를 꺼내 흰 곰팡이가 핀 오래된 나뭇잎을 뒤집으면, 그리하여 잊힌 채 썩어 버린 그 책에서 완전한 인간, 창 너머 보도를 걸어가는 남자와 다를 바 없는 완전한 인간에 관한 희미한 흔적을 발견하면, 돌연 시무룩한 표정을 짓고, 그것을 지나간 시대의 상스러운 도덕이라 부를 것이다.

All Things Considered

당신을 칭찬하며 감탄해 마지않는 추종자들조차
칭찬하지 않는 기질마저
칭찬하고 추켜올려 달라고 요구하는 것,

이것이
허영심의 가장 고약한 면이다.

Appreciations and Criticisms of the Works of Charles Dickens

바보짓을 하다 들통나서 진땀 나는 상황을 모면하려면, 약간의 굴욕감은 견뎌야 한다. 이런 상황에서 고를 수 있는 선택지는 세 가지뿐이다.

첫째, 악마처럼 오만한 태도로 버티기.
둘째, 눈물을 흘려 동정심에 호소하기.
셋째, 다 장난이었다는 듯 껄껄 웃기.

_The Man Who was Thursday

전제 정치의 죄와 슬픔은
인간을 사랑하지 않는 데 있는 게 아니라,
인간을 너무 많이 사랑하면서
너무 적게 신뢰하는 데 있다.

_Robert Browning

철학자는 자신이 지혜로운지 어리석은지
드러내지 않고는
호박 하나에 이르기까지
그 무엇에 관해서도 입을 열 수 없다.
그러나 그에 관해 아는 바가 전혀 없어서
의심의 눈길을 보내지 않는 사람과는
무엇에 관해서든 쉽게 이야기할 수 있다.

_G. F. Watts

잠자리에 누워서도 잠을 이루지 못하고,
내가 밤새 풀을 지켜보지 않으면
풀이 자라지 않으리라는
생각이 들기 시작하면,

보통은 망명길에 오르든가 왕좌에 오르든가
둘 중 하나다.

Robert Browning

"도둑들은 소유물을 존중합니다. 단지, 그 소유물을 자기 소유로 삼아서 더 철저하게 존중하고 싶어 하는 것이죠. 하지만 철학자들은 소유물 자체를 싫어합니다. 그래서 '개인 소유'라는 개념을 부숴 버리고 싶어 하죠. 중혼자들은 결혼을 존중합니다. 그렇지 않다면, 격식과 절차가 한가득한 혼인을 또 할 리가 없지요. 하지만 철학자들은 결혼 자체를 경멸하지요. 살인자들은 인명을 존중합니다. 단지, 자기보다 더 보잘것없어 보이는 목숨을 희생시켜서 자기 안에 있는 생명이 더 충만해지는 느낌을 만끽하고 싶어 하는 것이죠. 하지만 철학자들은 삶 자체를 증오합니다. 다른 이들의 삶 못지않게 자신의 삶도 증오하지요."

The Man Who was Thursday

존 러스킨은 그렇게 생각하지 않았지만, 철도역은 감탄을 자아낼 만큼 훌륭한 장소다. 러스킨이 철도역을 썩 좋은 장소로 여기지 않았던 이유는 본인이 철도역보다 훨씬 더 현대적인 인물이었기 때문이다. 본인이 엔진처럼 열을 내고 쉽게 흥분하고 씩씩거렸기 때문이다. 러스킨은 예부터 철도역에 흐르던 정적을 소중히 여기지 않았다.

"철도역에서 당신은 늘 허둥댄다. 그러니 괴로울밖에!"라고 러스킨은 말하지만, 당신이 러스킨처럼 현대적인 사람이 아니라면 허둥댈 필요도 괴로워할 필요도 없다. 진정한 철학자라면 친구와 내기를 하거나 농담할 때가 아니면 기차가 제시간에 올 거로 생각하지 않는다.

플랫폼에 들어오는 기차를 타려면 앞차를 놓쳐야 한다.
그러면 대성당이 주는 평온과 위안을
철도역에서 경험할 수 있다.

Tremendous Trifles

아이들 이야기에는 왜 그렇게 도덕적 교훈이
가득한지 많은 사람이 궁금해한다.

이유는 아주 단순하다. 아이들은 무엇보다 권선징악을 좋아하고, 정말 맛있는 잼이라도 되는 양 후딱 먹어 치우기 때문이다. 어른인 우리가 도덕적 교훈을 싫어하는 이유도 아주 명확하다. 도덕적 교훈이 얼마나 자주 악용되고 얼마나 많은 위선과 뒤범벅되는지 보았기 때문이다. 우리가 자라면서 교훈을 싫어하게 되는 이유는 교훈이 도덕적이어서가 아니라 비도덕적이어서다. 그러나 아이들은 미덕을 비틀어 악덕을 만드는 걸 본 적이 없다. 아이들은 인간이 좋은 의도를 가진 나쁜 사람일 뿐 아니라 나쁜 의도를 가진 좋은 사람이라는 걸 알지 못한다. 예수회 사람들이 악을 행했는데 선한 결과가 나올 수 있다는 사실도, 세상 사람들이 선을 행했는데 나쁜 결과가 나올 수 있다는 사실도 아이들은 알지 못한다.

그래서 아이들은 순전한 도덕에 대한 욕구를 지니고 있다.
그저 착한 아이와 나쁜 아이를 구분하려는
건강하고, 진심 어리고, 훼손되지 않고,
끝이 없는 욕구.

_Daily News

용감한 사람들은 다 척추동물이다.
겉은 부드럽고 가운데는 단단하다.
겁쟁이들은 다 갑각류다.
겉은 단단한 껍질로 덮여 있고 안은 부드럽다.

Tremendous Trifles

어린 가지에서 말라비틀어진 파리한 이파리로
끝없이 하나님을 찾나니
머리카락은 엉겅퀴 솜털보다 더 하얗게 세고
팔다리는 축 처져도, 눈은
찬양할 수밖에 없는 그 별을 향하니
내 영혼이 마지막까지 읊조릴 소망 하나,
새하얀 다음 길모퉁이에서
어쩌면 그분을 뵐 수 있을지 모른다는 희망

_The Wild Knight

실수가 범죄보다 위협적이다.
한 가지 실수가 많은 범죄를 낳기 때문이다.

자유연애자가 난봉꾼보다 더 나쁘다.
난봉꾼은 가장 짧게 만나는 이에게도
진지하고 무모하지만,
자유연애자는 가장 오래 만나는 이에게도
몸을 사리고 무책임하기 때문이다.

Tremendous Trifles

비관론은 생이 너무 짧아서
누구에게도 기회를 주지 않는다고 말하나,
종교는 생이 너무 짧아서
모두에게 마지막 기회를 준다고 말한다.

Appreciations and Criticisms of the Works of Charles Dickens

어떤 사람이 정말로 진실을 말한다면,
그가 말할 첫 번째 진실은
자기가 거짓말쟁이라는 사실이다.

_What's Wrong With the World

입 밖에 내려면 진짜 용기가 필요한 것이
딱 하나 있으니,
그것은 바로
누구나 다 아는 '뻔한 말'이다.

_G. F. Watts

공통성이란 성인들과 죄인들,
철학자들과 바보들에게
두루 통하는 공통된 성질을 의미한다.

디킨스는 이것을 제대로 이해하고 발전시켰다.
모든 사람에게는 아기를 사랑하고,
죽음을 두려워하고,
햇살을 좋아하는 성질이 있다.
이런 공통된 성질 때문에
사람들이 디킨스의 소설을 즐기는 것이다.
여기서 모든 사람은
학식이 없는 무지한 군중을 의미하지 않는다.
모든 사람은 말 그대로 모두를 의미한다.

_Charles Dickens

요즘 우리는 과학이 과학적이길 바란다는 이유로 과학을 공격한다는 비난에 시달린다.

의사를 사제나 아내나 우리 자신처럼 대하는 것보다 더 무례한 일은 없다. 우리더러 온천장에 가야 한다고 말하는 건 의사의 몫이 아니다. 의사가 할 일은 우리가 온천장에 간다면 건강상 어떤 결과가 뒤따를지 이야기해 주는 것이다. 그 뒤, 온천장에 갈지 말지 판단하는 건 우리 몫이다. 물리학은 간단한 덧셈과 같다. 확실히 맞든, 확실히 틀리든, 둘 중 하나다.

과학과 철학을 뒤섞으면,
이상적 가치를 모두 잃은 철학과
실용적 가치를 모두 잃은 과학이 나올 뿐이다.

나는 나를 죽일 음식이 이 음식인지 저 음식인지 의사가 말해 주길 바란다. 내가 죽임을 당해야 마땅한지 그렇지 않은지를 논하는 건 철학자의 몫이다.

All Things Considered

"사실이 허구보다 더 낯선 법입니다.
허구는 인간의 마음이 창조해 낸 것이고,
따라서 인간의 마음에 쏙 들게 마련이니까요."

_The Club of Queer Trades

희망은 청춘과 함께하고 청춘에게 나비의 날개를 빌려준다고 흔히들 이야기한다. 그러나 나는 '희망'이 인간에게 주는 마지막 선물이자 청춘에게는 주지 않는 유일한 선물이라고 믿는다.

청춘은 특별히 서정적이고 열광적이고 시적일 수 있는 시기지만, 절망적일 수도 있는 시기다. 이야기가 하나 끝날 때마다 세상이 무너지는 것처럼 느껴진다.

어떤 일을 겪든 희망을 품는 힘,
모험을 견디고 우리 영혼이
끝내 살아남으리란 걸 아는 지식,
이 위대한 영감은 중년에 찾아온다.

하나님은 이렇게 좋은 포도주를
지금까지 남겨 두셨다.

_Charles Dickens

요즘 철학자들은 사랑과 싸움을 갈라서 정반대 진영에 쑤셔 넣기 시작했다. 니체마저도 사랑 대신 싸움에 관심을 기울이라고 말한다. 톨스토이마저도 싸움 대신 사랑에 마음을 붙이라고 말한다. 그러나 인류사에서 영원히 계속되는 두 가지, 옛 로맨스와 옛 종교 안에서 이 둘은 서로를 의미했다. 사랑에는 싸움이, 싸움에는 사랑이 내포되어 있다. 무언가를 위해 싸우고픈 마음이 없이는 그것을 사랑할 수 없다. 싸워야 할 이유가 없으면 싸울 수 없다. 누군가를 위해 싸울 마음 없이 그를 사랑한다면, 그것은 사랑이 아니다. 그것은 정욕이다. 공허하고 냉철하고 냉담한 정욕. 말하자면, 처음 경험하는 정욕일 수 있다. 그래도 정욕이다. 철저하게 제멋대로인 데다가 어떠한 공격도 유발하지 않기 때문이다. 한편, 무언가를 사랑하지 않으면서 그것을 위해 싸우는 건 싸움이 아니다. 가끔 치명적인 결과를 불러오는 시끄럽고 난폭한 놀이일 뿐이다. 인간의 본성이 아직 인간적이고 특정한 궤변에 망가지지 않은 곳이라면 어디에서든 전쟁과 구애 사이에 이런 자연스러운 관계가 존재하고, 이렇게 자연스럽고 밀접한 관계를 가리켜 로맨스라 부른다. 로맨스는 특별히 청춘이라는 위대한 시기에 찾아온다. 청춘을 지나온 사람은 누구나 이 근원적이고 시적인 역설을 아주 잠시라도 느껴 보았을 것이다. 그는 세상을 사랑하는 것이 세상과 싸우는 것과 같다는 걸 알고 있다.

Appreciations and Criticisms of the Works of Charles Dickens

이 시대의 모든 낙관론은 우리가 이 세상과 잘 어울린다는 점을 증명하려고 안간힘을 쓴다. 그래서 나는 낙관론이 거짓임을 깨닫고 낙담했다. 기독교의 낙관론은 우리가 이 세상과 어울리지 않는다는 사실에 기반을 두고 있다. 예전에 나는 사람이란 하나님에게 고기를 청하는 여느 동물과 똑같은, 한 마리의 동물에 지나지 않는다고 스스로 다독이면서 행복해지려고 노력했다. 하지만 지금은 정말로 행복하다. 사람이 괴물이라는 사실을 깨달았기 때문이다. 내게는 모든 게 이상하게 느껴졌는데, 그게 당연한 거였다. 나란 존재는 만물보다 더 나은 동시에 더 못한 존재였기 때문이다. 낙관론자의 즐거움은 만물의 자연스러움에 기초하고 있어서 평범하고 지루하지만, 그리스도인의 즐거움은 신의 조화造化에 비추어 본 만물의 부자연스러움에 기초하고 있어서 낭만적이다.

현대 철학자는 내가 있어야 할 곳에 있다고 거듭 말했고, 나는 그 말에 순순히 동의하면서도 여전히 우울했다. 그러다 내가 엉뚱한 곳에 있다는 소리를 들었다. 그러자 내 영혼은 기쁨에 겨워 봄날 새처럼 노래를 불렀다. 이 깨달음은 영아기의 캄캄한 집에 있던 잊힌 방들을 찾아내 밝게 비춰 주었다. 그제야 나는 풀이 왜 거인의 초록색 수염처럼 이상해 보였는지, 집에 있으면서도 왜 늘 향수병을 앓았는지 비로소 깨달았다.

_Orthodoxy

현대 세계에서는 학문의 쓰임이 아주 다양하지만,
주된 용도는 부자들의 잘못을 덮기 위해
글자를 잇고 기워서 긴 단어를 새로 만드는 데 있다.

Heretics

명성이나 돈을 거머쥐리라는 희망 없이,
심지어 잘해 낼 거라는 보장도 없이
어떤 일을 행한다면,
그 사람은 그 일을 정말 좋아하는 게 틀림없다.
보통 사람들이 그 일을 통해 손에 넣을
보상을 좋아하는 것만큼,
아니 그보다 훨씬 더
그 일 자체를 좋아하는 게 분명하다.

_Robert Browning

사람들은 철학과 신학이 뭔가 특별하고 지루하고 학리적인 분야인 것처럼 이야기한다. 그러나 철학과 신학은 유일하게 대중적일 뿐만 아니라 천박하고 시끄럽다고 할 만큼 통속적이다.

철학과 신학만이 모든 문제를 포괄한다. 철학과 신학만이 모든 공격에 열려 있다. 그 밖의 모든 학문은 각자 고유 분야를 연구하면서 다른 학문을 가리켜 하류니, 쓰레기니 비웃기도 한다. 천문학자는 별을 닮은 극미 동물을 비웃을 수 있고, 곤충학자는 극미 동물을 닮은 별을 멸시할 수 있다. 생리학자는 풀숲을 뒤지는 게 더럽다고 생각할 수 있고, 식물학자는 동물의 내장을 뒤지는 게 더 더럽다고 생각할 수 있다. 그러나 그보다 훨씬 오래된 이 두 학문과는 관련이 없는 게 없다. 단추부터 캥거루에 이르기까지 철학이라는 즐거운 혼란에 빨려들지 않는 항목은 없으며, 당나귀의 죽음부터 (춤추고 노래할 공간이 전혀 없는) 영국중앙우체국에 이르기까지 신학이라는 유쾌한 축제를 피할 수 있는 삶의 단면은 없다.

_G. F. Watts

그리스도는 우리에게 모든 사람을 사랑하라고 명하셨다. 그러나 우리가 모든 사람을 똑같이 사랑한다고 하더라도, 모든 사람을 똑같은 사랑으로 사랑한다고 말하는 건 황당무계한 헛소리일 뿐이다.

적어도 우리가 어떤 이를 사랑할 때는 우리가 그에게 받는 느낌과 우리가 사랑하는 다른 이에게 받는 느낌이 완전히 다를 수밖에 없다. 두 사람에게 품고 있는 관심이 같은 종류라고 말하는 건 누군가에게 국화꽃과 당구 중에 무엇을 더 좋아하느냐고 묻는 것만큼이나 이치에 어긋난다. 그리스도는 인류를 사랑하신 게 아니다. 인류를 사랑한다고 말씀하신 적도 없다. 그리스도든 다른 누구든, 인류를 사랑할 수는 없다. 그건 마치 거대한 지네를 사랑하는 것과 같다.

톨스토이 추종자들이 '균등하게 배분된 사랑'이라는 개념을 받아들일 수 있는 이유는 그들이 말하는 인류애가 논리상의 사랑이요, 자기네 이론이 강요한 사랑이요, 호색꾼마저도 모욕감을 느낄 사랑이기 때문이다.

Twelve Types

기독교회는 내 영혼의 실질적인 선생이되, 이미 죽은 스승이 아니라 살아 있는 선생이다.

어제 나를 가르쳤을 뿐 아니라 내일도 가르칠 게 확실하다. 언젠가 나는 십자가 모양이 무얼 의미하는지 문득 깨달았다. 어느 날엔가는 주교관(主敎冠) 모양에 담긴 의미를 돌연 깨닫게 될지도 모른다. 어느 화창한 아침에 나는 창문 위쪽이 뾰족한 이유를 깨달았다. 어느 화창한 아침엔가는 사제들이 수염을 깎는 이유를 알게 될지도 모른다. 플라톤은 당신에게 진리를 들려주었으나, 이미 죽고 없다. 셰익스피어는 심상으로 당신을 깜짝 놀라게 했으나, 이제 더는 당신을 놀라게 하지 못한다. 그런데 이런 사람들이 아직 살아 있어서 우리가 이들과 함께 살아간다면 어떨지 한번 상상해 보라. 플라톤이 내일 이제껏 한 번도 한 적이 없는 강의를 새로 시작하거나, 언제라도 셰익스피어가 새로 지은 소네트로 모두에게 엄청난 충격을 주리란 걸 알고 있다면 어떨까? 교회가 살아 있다고 믿고, 그 교회와 교제하며 사는 사람은 내일도 아침 식탁에서 플라톤과 셰익스피어를 만나리라고 기대하며 사는 사람이다. 전에 깨닫지 못했던 진리를 깨닫게 되리라는 기대를 안고 매일을 사는 사람이다.

_Orthodoxy

하나님의 수수께끼가 사람의 해답보다 더 만족스럽다

G. K. 체스터턴 지음
이은진 옮김

2020년 12월 23일 초판 1쇄 발행

펴낸이 김도완 **펴낸곳** 비아토르
등록 제406-2017-000014호(2017년 2월 1일)
주소 경기도 파주시 문발로 197 102호(우편번호 10881)
전화 031-955-3183 **팩스** 031-955-3187
전자우편 viator@homoviator.co.kr

편집 이은진 **디자인** 임현주
제작 제이오 **인쇄** (주)민언프린텍
제본 (주)정문바인텍

ISBN 979-11-88255-78-8 03230

이 도서의 국립중앙도서관 출판예정도서목록(CIP)은 서지정보유통지원시스템 홈페이지(http://seoji.nl.go.kr)와 공동목록시스템(http://www.nl.go.kr/kolisnet)에서 이용하실 수 있습니다.(CIP제어번호: CIP2020052122)